les grands classiques nathan

Collection dirigée par Alain Pagès

Béroul et Thomas

TRISTAN ET YSEUT

Traduction de Françoise Paradis

- une *histoire* des œuvres
- un *analyse* méthodique des œuvres
- une *présentation* des personnages
- des *notes explicatives* des termes et des tournures grammaticales particulières
- des *commentaires* au fil des textes
- des *questions de compréhension* au fil des textes
- des *questions de synthèse*, en fin de page, en fin de chapitre
- des *lectures à thème*
- des *fiches thématiques*, des *pistes d'étude*, et une *bibliographie* commentée

préparés par

Françoise PARADIS

LES *TRISTAN*

Du mythe aux textes

Le mythe

L'histoire de Tristan et Yseut est devenue dès le XIIe siècle l'un des mythes fondateurs de l'Occident : l'amour fatal, la passion qui conduit à la mort le neveu du roi Marc et la blonde fille des rois d'Irlande, il nous semble les avoir toujours connus...

Cette évidence de la légende cache cependant la vérité du texte ou plutôt des textes qui l'ont fait naître. Car il n'existe pas un, mais des *Tristan*, tous fragmentaires, qui se complètent, se répondent, se contredisent aussi, renvoyant à des épisodes qu'ils affirment déjà vécus et dont le lecteur moderne cherche en vain le récit d'une version à l'autre.

Quels sont, donc, les récits parvenus jusqu'à nous ?

Les poèmes français

D'assez longs et nombreux fragments nous restent de deux romans en vers composés en anglo-normand, l'une des trois grandes langues littéraires du nord de la France au Moyen Âge :

– Le *Tristan* de Béroul : écrit sans doute entre 1150 et 1190, 4 485 vers conservés par un seul manuscrit.

– Le *Tristan* de Thomas : daté de 1173, dont les fragments recueillis par cinq manuscrits, forment un ensemble de 3 000 vers environ.

Deux textes brefs s'ajoutent aux précédents :

– Les *Folies* dites d'Oxford et de Berne en fonction de la provenance des manuscrits (998 et 572 vers, réciproquement), content une visite de Tristan déguisé en fou au palais du roi Marc.

– *Le Lai du chèvrefeuille*, enfin, de Marie de France (1160-70), rapporte une rencontre clandestine des amants dans la forêt.

Le succès de la légende conduisit à la rédaction au XIIIe siècle d'un *Tristan* en prose dont l'esprit est assez différent de celui de ces premières versions.

La version allemande

– Un *Tristrant* de presque 10 000 vers par Eilhart d'Olberg, rédigé entre 1170 et 1190 en moyen-haut allemand, seule version complète de la légende qui nous soit parvenue du XIIe siècle.

– *Tristan und Isolde* de Gottfried de Strasbourg, environ 20 000 vers, adaptés de la version de Thomas, ce qui nous permet de connaître bien des épisodes, perdus pour nous, de cette dernière.

La version scandinave

La *Tristrams Saga* : version en prose norroise du roman de Thomas par le frère Robert pour le roi de Norvège, Hakon Hakonarson (1226).

Les auteurs : Béroul et Thomas

Seuls deux des textes français échappent à l'anonymat. Béroul se nomme deux fois dans son texte en jongleur qui se vante de connaître mieux la légende que ses confrères et de savoir lire, mais on ne sait réellement rien de lui. Thomas, lui, était probablement un clerc, intellectuel formé dans les universités, puis attaché à une cour royale ou seigneuriale. Il dit lui-même n'avoir pas l'expérience du mariage. Sans doute originaire de France, il a peut-être vécu en Angleterre : son éloge de Londres, les noms anglais et les caractéristiques anglo-normandes des manuscrits de son texte semblent le prouver.

Contexte historique

La société du XIIe siècle, à la recherche d'un nouvel art de vivre dans un contexte de relative prospérité du commerce et d'explosion urbaine, voit l'aristocratie se muer en une caste dirigeante dont les pouvoirs se transmettent héréditairement : la noblesse.

Le pouvoir royal, encore fragile devant celui des grands barons, s'affirme cependant, et tout particulièrement celui des rois anglais d'origine française, les Plantagenêts, dont le rôle dans l'histoire culturelle de l'Europe occidentale est particulièrement important.

1137 Louis VII de France.	**1137** *Historia regum Britanniae* Geoffroy de Monmouth.
1152 Aliénor d'Aquitaine répudiée par Louis VII épouse Henri Plantagenêt.	
1154 Henri Plantagenêt devient roi d'Angleterre.	
1155 F. Barberousse empereur d'Allemagne.	**1155** *Le roman de Brut* Wace.
1163 Début de la construction de Notre-Dame de Paris.	
1170 Assassinat de l'archevêque Thomas Beckett sur l'ordre d'Henri II.	
	1173 *Tristan* Thomas d'Angleterre.
	1175 *Tristrant* E. von Oberg.
	1176 *Lais* Marie de France.
1180 Philippe Auguste.	**1180** *Folie d'Oxford.*
	1185 *Tristan* Béroul.
1187 Saladin reprend Jérusalem.	
1190 Troisième croisade.	
1200 Jean-sans-terre roi d'Angleterre.	**1200** *Folie de Berne.*
1209 Début de la croisade contre les Albigeois.	
	1210 *Tristan* Gottfried de Strasbourg.
1223 Louis VIII.	
1226 Louis IX.	**1226** *Tristrams Saga* Frère Robert.
	1230 *Tristan* en prose.

HISTOIRE DES ŒUVRES

De la tradition orale à l'expression romanesque

L'archétype. Les sources

À l'origine de tous les romans de *Tristan* on a longtemps supposé un texte unique, une sorte d'ancêtre commun. Il semble aujourd'hui que cette hypothèse d'un modèle-archétype soit abandonnée.

La diversité des légendes, des traditions orales et écrites auxquelles Béroul ou Thomas se réfèrent, est soulignée par les auteurs eux-mêmes. Les origines celtes de la légende ne font aucun doute. L'Écosse, le pays de Galles, la Cornouailles surtout, offrent des contes, des traditions, des noms de lieux qui supposent un fond légendaire très riche autour des personnages de Tristan, Marc et Yseut. Un "aithed", conte d'origine irlandaise adapté par les gallois : *la Poursuite de Diarmaid et Grainne*, frappe particulièrement par ses analogies avec la "matière" de *Tristan* : motif du sort (la "geis") qui lie Diarmaid à Grainne, la femme du vieux roi Finn, motif de la fuite dans la forêt, de l'obstacle placé entre les jeunes gens en gage de chasteté, motif de l'eau hardie, etc.

Cependant, pas plus du conte celte que du texte persan *Wis et Ramin*, riche, lui aussi, de situations parallèles à celles des *Tristan*, on ne peut déduire ces derniers. Mieux vaut sans doute supposer un héritage commun venant de mythologies souvent qualifiées d'indo-européennes.

Une longue accumulation des épisodes, une transmission orale de traditions fort anciennes et diverses, progressivement réadaptées au public des cours médiévales, éclaire sans doute la lente mouvance des textes, leur instabilité.

Des personnages comme le fameux Bréri qu'évoque Thomas, conteur gallois dans les cours anglo-normandes, ont pu jouer un rôle important dans la traduction et la diffusion des légendes celtiques sur le continent. Il devient alors manifeste que les auteurs du XIIe siècle enrichissent un canevas hérité. Ils n'inventent pas à proprement parler. Cependant, la mise à l'écrit qu'ils opèrent, fixant le mythe, produit une véritable œuvre littéraire possédant une cohérence esthétique et idéologique.

Le contexte littéraire

Le début du XIIe siècle a vu éclore un genre nouveau, le roman : romans épiques, nés de la "matière de France", des épopées du XIe siècle, mais surtout "romans antiques" ou "matière de Rome" qui narrent le parcours d'un peuple (*Roman de Troie*) ou d'un héros (*Roman d'Alexandre*) s'inspirant du souvenir plus ou moins proche de Virgile ou d'Ovide et de son *Art d'aimer*. Les *Tristan* sont (avec le *Roman de Brut* de Wace) les premiers romans de la "matière de Bretagne", largement inspirés par les traditions orales des peuples celtes.

Le XIIe siècle a vu naître dans le midi de la France une conception originale de l'amour que l'on désigne par les termes de "fin'amor" ou/puis "d'amour courtois", liée à une vie de cour brillante, où la femme jouait peut-être, au moins formellement, un rôle plus important. Témoignant de la recherche d'un idéal fédérateur pour l'ensemble de la caste chevaleresque, au-delà de la divergence d'intérêts de la grande et de la petite noblesse, la *courtoisie* propose une vision nouvelle du jeu des relations amoureuses et sociales. Le mariage, incompatible avec l'amour, est affaire d'alliances et d'héritage, et le jeu de la conquête amoureuse ne peut se jouer qu'entre un amant vassal et la Dame, épouse du suzerain dont les faveurs se gagnent à force de prouesses, de soumission, de discrétion, l'amour adultère manifestant ainsi les plus précieuses qualités de l'amant. Les obstacles et les épreuves qui retardent la satisfaction du désir exaltent encore la "joie" attendue de l'amour.

La lyrique occitane met en scène le culte du désir toujours insatisfait et vivant de cette insatisfaction. Cependant, après 1170, Chrétien de Troyes propose une réconciliation de l'amour courtois et du mariage. Les romans de *Tristan*, entre ces deux traditions, viennent conter la fatalité d'une passion anti-sociale, échappant à toute maîtrise et mortelle. On a coutume de désigner au moins une des deux versions du texte, celle de Thomas, comme "version courtoise" : cette appellation est en partie inexacte.

Béroul, Thomas, Les Folies

Le texte de Béroul est constitué par la juxtaposition d'une série d'épisodes sans grand travail sur la construction du récit. Il porte la marque de l'oralité dans les formules par lesquelles le narrateur en appelle à l'attention de son public, comme dans la multiplication des retours en arrière qui assurent le bon enchaînement chronologique et logique des événements.

Attentif au sens symbolique des objets ou du décor, Béroul est très sensible à l'ambiguïté du langage, à son usage mensonger, usage subversif dans une société qui repose pour l'essentiel sur la parole donnée.

Thomas emprunte plusieurs motifs à la courtoisie et se montre un habile analyste de la fin'amor. Il glose volontiers sur les situations amoureuses, développant davantage la réflexion théorique que la narration, et ce, souvent, en son propre nom.

Raffinant sur les souffrances de la passion, suggérant même le plaisir qu'y peuvent paradoxalement trouver les héros, il jongle avec les figures de la rhétorique, les équilibres subtils entre les deux couples. Pourtant la trame narrative que traite Thomas lui interdit de montrer en Tristan et Yseut des modèles de la fin'amor. L'histoire ne raconte pas la contradiction toujours renouvelée et vivante du désir et du renoncement de l'amant face à une dame inaccessible, mais l'amour réciproque et consommé d'un couple adultère. La mort d'Yseut, situation étrangère au schéma courtois, semble alors faire de son texte une dénonciation de la dégradation des amours charnelles et du caractère utopique de la fin'amor.

Traitant d'un même épisode, les *Folies* d'Oxford et de Berne en offrent deux versions très différentes. Le manuscrit de Berne s'inscrit dans la tradition de Béroul et joue sur une représentation bouffonne de la folie, tandis que celui d'Oxford est plus imaginatif, plus poétique. L'un et l'autre mettent en cause la communication des amants, la connaissance qu'ils ont l'un de l'autre dans l'amour, au-delà des mots à la fois transparents et insuffisants.

AU FIL DES TEXTES

La légende reconstituée

LES TEXTES ALLEMANDS ET NORROIS

Les enfances du héros
Blanchefleur, la sœur du roi Marc de Cornouailles, a épousé Rivalen, roi de Loonois. Celui-ci disparaît peu de temps après ses noces et sa jeune femme le suit dans la mort en mettant au monde un fils, Tristan. Élevé par Gouvernal, l'enfant est enlevé par des marchands qui l'emmènent en Cornouailles. Le roi Marc l'ayant remarqué pour ses talents, fait compléter son éducation par le sénéchal Dinas de Lidan.

Premières prouesses : Le Morholt
La Cornouailles est soumise par le royaume d'Irlande à un lourd tribut que le géant Morholt vient réclamer. Tristan obtient d'être armé chevalier pour le combattre. Après une dure bataille, le Morholt est blessé à mort. Mais le jeune chevalier a été touché par l'arme empoisonnée de son adversaire. Une affreuse puanteur s'exhale de ses plaies et nul ne voulant plus l'approcher, il part seul en mer sur une barque abandonnée au gré des flots. Ceux-ci le poussent vers l'Irlande dont la reine, fameuse guérisseuse, soigne Tristan sans le savoir le meurtrier de son frère, le Morholt.

La conquête d'Yseut pour Marc
Rentré en Cornouailles, Tristan trouve Marc en butte aux sollicitations pressantes de ses barons qui veulent qu'il se marie pour avoir un héritier.
Marc ne veut épouser que la jeune fille à qui appartient le cheveu d'or apporté à sa fenêtre par une hirondelle. Tristan devine qu'il s'agit d'Yseut, la fille de la reine d'Irlande et retourne dans ce pays sous un déguisement. Apprenant qu'un dragon ravage la contrée et que le roi a promis la main de sa fille à qui le tuerait, il accomplit cette tâche. Encore une fois empoisonné par le venin de son adversaire, Tristan est de nouveau soigné par la reine. Elle apprend de sa bouche qu'il entend donner la jeune fille en mariage à son oncle.

Le philtre
Inquiète pour l'avenir de sa fille, la reine d'Irlande confie à Brangien sa suivante, un philtre qui suscitera chez les futurs époux un amour mutuel et passionné, éternel selon certaines versions de la légende, limité à trois ans selon Béroul. Pendant la traversée vers la Cornouailles, une erreur (le plus souvent attribuée à Brangien), amène Tristan et Yseut à boire le philtre. Envoûtés, les deux jeunes gens cèdent à leur passion.

Le mariage de Marc
Brangien sacrifie sa virginité pour cacher la faute des amants. Yseut, craignant que Brangien ne trahisse son secret, tente de la faire tuer.

LE TEXTE DE BÉROUL

Les barons jaloux
Les barons de Marc épient les amants. Ils avertissent le roi des rendez-vous des deux jeunes gens et après plusieurs tentatives manquées réussissent enfin, avec l'aide du nain Frocin, à faire prendre Tristan et Yseut en flagrant délit. Condamné à mort par Marc, Tristan parvient, au prix d'un saut prodigieux, à s'échapper, ce qui lui permet d'arracher Yseut aux lépreux à qui son époux voulait la livrer.

La forêt du Morois
Obligés à l'errance, les amants se réfugient dans la forêt du Morois. Marc, un jour, les y surprend endormis, mais, les voyant chastes, les épargne et se retire, laissant seulement quelques signes de son passage. Ce n'est que lorsque le philtre a cessé d'agir que Tristan et Yseut se laissent convaincre par l'ermite Ogrin de revenir à la cour.

L'"escondit" de la Blanche Lande
Marc exileTristan et reprend Yseut avec joie, mais les barons exigent d'elle un serment solennel d'innocence. Sur la Blanche Lande a lieu la cérémonie "d'escondit", en présence du roi Arthur.

LE TEXTE DE THOMAS

Les amants séparés
Après s'être vengé de quelques-uns des barons ses ennemis, Tristan s'éloigne et part servir le duc Hoël de Carhaix en Petite Bretagne.
Devenu l'ami de Kaherdin, le fils du duc, Tristan décide d'épouser la sœur de son compagnon, essentiellement pour son nom : Yseut aux blanches mains. Kaherdin, gagné à la cause de Tristan, l'accompagne à plusieurs reprises en Angleterre et devient l'ami de Brangien.

Tristan le nain
Un chevalier qui dit se nommer Tristan le nain vient un jour en Bretagne chercher l'aide de "Tristan l'amoureux" pour reconquérir son amie enlevée par un félon. Tristan combat pour lui, mais blessé gravement, sait ne pouvoir guérir que des mains d'Yseut. Il charge Kaherdin d'aller la chercher. Trompé par Yseut aux blanches mains, Tristan croit au refus d'Yseut et se laisse mourir. Arrivée trop tard, Yseut meurt de douleur sur le corps de Tristan.

LE TEXTE EN PROSE

La tardive version en prose de la légende raconte qu'un roncier toujours vivace unit de ses fleurs les tombes des deux amants.

PERSONNAGES

Yseut,
une reine
et une femme passionnée

Fille du roi d'Irlande et nièce du géant Morholt, elle est, comme sa mère, une habile guérisseuse. Unie par le philtre à Tristan, qu'elle avait, au début, toutes les raisons de haïr, elle semble, selon certaines versions, capable de cruauté et de ruse pour protéger le secret de sa passion : son attitude envers Brangien en témoigne. Belle au-delà de toute description et toujours royale, même dans la forêt du Morois, elle reste par sa mort le symbole même de l'amour absolu.

Marc,
un souverain puissant
mais un homme complexe

Roi de Cornouailles, il est l'oncle maternel de Tristan et, pour Yseut, un époux passionné, capable d'indulgence et même d'aveuglement. Mais poussé parfois par des colères terribles, c'est un personnage difficile à cerner, qui peut paraître faible, dépendant qu'il est de la prouesse de son neveu et du soutien des barons. Le texte de Béroul souligne la dimension magique du personnage en lui prêtant des oreilles de cheval. Marc a moins un caractère qu'un rôle : le rôle sacré du roi, signe vivant de l'Ordre.

Brangien,
une suivante dévouée

Elle semble responsable de la Faute fatale car elle a versé le philtre à Tristan et Yseut. Acceptant cette culpabilité, elle remplace la reine lors de sa nuit de noces avec Marc et sert Yseut avec fidélité quoique celle-ci tente de la faire mourir. Sa révolte dans l'épisode avec Kaherdin en paraîtra d'autant plus éclatante. Elle reste malgré tout une figure du dévouement.

Tristan,
un héros livré
aux tourments de la passion

Né dans de terribles circonstances qui l'ont mis en marge de la société, lui qui était fils de roi, Tristan a tous les talents : chevalier, poète, harpiste, héros "civilisateur" qui sait inventer "l'arc qui ne manque jamais son but". Il est deux fois lié à Marc par la vassalité et le lien familial, et le trompe pourtant sous l'influence du philtre fatal. Il devient ainsi, selon les versions de la légende, le modèle des amants douloureux, casuiste de la fin'amor, ou capable des plus grandes audaces pour assouvir son désir.

Les barons félons,
des jaloux puissants et influents

Personnage collectif plus important chez Béroul que chez Thomas où ils sont remplacés par le seul Cariado, beau parleur de cour. Ils sont les "jaloux", ennemis du couple des amants, mais aussi les féodaux qui tout à la fois dépendent de Marc et contrôlent son pouvoir. Ils sont tués l'un après l'autre par Gouvernal ou Tristan dans des scènes parfois fort cruelles, et semblent pourtant curieusement rester toujours aussi nombreux.

Yseut aux blanches mains,
une femme déçue
qui sombre dans la haine

Elle ne figure que dans le texte de Thomas où Tristan l'épouse pour son nom. Frustrée dans son désir et sa tendresse pour son époux, découvrant l'amour de ce dernier pour Yseut la blonde, elle est emportée par la haine dans un mensonge qui entraîne la mort de Tristan et de la reine.

Kaherdin,
un fidèle compagnon de Tristan

Fils du Duc Hoël de Carhaix en Petite Bretagne, il devient le compagnon d'armes de Tristan dans son exil et est heureux de lui donner sa sœur en mariage. Devenu l'ami de cœur de Brangien, il accompagne Tristan et le soutient dans ses tentatives pour revoir Yseut. Il joue dans le roman de Thomas un rôle un peu analogue à celui qu'avait Gouvernal dans le texte de Béroul.

Comment Tristan et Yseut burent ensemble le breuvage amoureux, miniature du XVe siècle.

Tristan et Yseut

félon : traître. Est "félon" le vassal qui trahit son hommage. Outre son sens féodal, le mot prend son sens moral, ici. Les félons seront dans tout le texte ceux qui veulent empêcher les amants de s'aimer.

tu : le texte médiéval passe fréquemment et sans raison apparente du "tu" au "vous". On a choisi pour la traduction de respecter cette habitude, si troublante qu'elle soit pour le lecteur moderne.

lignage : les parents proches, unis par des ancêtres communs.

Le *Tristan* de Béroul

Tristan et Yseut se sont donné rendez-vous auprès d'une fontaine ombragée par un pin. Le roi Marc, averti par un astrologue, le nain Frocin, se dissimule dans les branches de l'arbre. Les amants surprennent son reflet dans l'eau et se livrent à une petite comédie justificative à son intention.

Écoutez comme elle approche de son ami et prend les devants : « Tristan, par Dieu le roi du ciel, quel tort vous me causez de me faire venir à pareille heure ! »

Et de feindre de pleurer. [...]

« Par Dieu, créateur du ciel et de la mer, ne me demandez plus jamais de venir ainsi. Je regrette mais je vous l'assure je ne le ferais certainement pas. Le roi pense que je vous ai aimé, seigneur Tristan, d'un amour coupable. Dieu m'est témoin de ma loyauté : que son fléau s'abatte sur moi si j'ai jamais aimé un autre homme que celui qui me prit vierge. Même si les félons* de ce royaume, pour qui jadis vous avez combattu et tué le Morholt, lui ont fait croire, à ce qu'il me semble, à notre liaison, vous n'avez pas, seigneur, un tel désir ; quant à moi, par Dieu tout puissant, je n'aspire nullement à l'adultère. Je préférerais être brûlée vive et que mes cendres soient dispersées plutôt que d'aimer un seul jour un autre homme que mon mari. Pourtant, ô Dieu, il ne me croit pas ! [...]

Assurément, Tristan, le roi ne comprend pas que c'est à cause de lui que je vous ai tant aimé : c'est parce que tu* es de son lignage* que je te chéris. J'ai toujours pensé, jadis, que ma mère aimait beaucoup la parenté de mon père, et elle disait qu'une femme n'aimait pas son époux qui n'aimait pas tous ses parents. Et je sais bien qu'elle avait raison.

Seigneur, je t'ai beaucoup aimé pour l'amour de lui, et voilà que j'y ai perdu son affection. » [...]

Tristan, en entendant son amie parler, sait qu'elle a compris la présence du roi. Il en rend grâce à Dieu. Il est sûr, désormais, qu'ils se tireront au mieux de ce mauvais pas.

« Ah ! Yseut, fille de roi, noble courtoise et loyale, voici plusieurs fois que j'ai demandé à vous rencontrer depuis que je me suis vu interdire l'accès de la chambre royale et que je ne puis plus vous parler.

Dame, c'est que je veux implorer votre pitié : souvenez-vous d'un malheureux qui souffre et s'afflige ; car je suis si peiné de ce que le roi ait pu penser à mal à notre propos que je crois que j'en mourrai. [...]

Dame, j'en appelle à votre noble cœur : n'éprouvez-vous aucune pitié pour moi ? Je vous en supplie, faites-moi rentrer dans les bonnes grâces du roi que j'aime tant ! »

(v. 3-39/ 69-80/ 97-111/ 157-160)

Yseut refuse d'intervenir pour Tristan : elle a peur du roi, dit-elle, et veut rentrer le plus vite possible.

Yseut s'en va ; il la rappelle :

« Dame, au nom de celui qui s'incarna dans une vierge pour sauver l'humanité, ayez la charité de m'aider. Je comprends bien que vous n'osiez pas rester plus longtemps, mais, hormis à vous, à qui me plaindrais-je : le roi me hait.

1. L'intervention du magique est rare dans le récit. Elle est ici traditionnellement liée à la figure du nain, laid donc méchant puisque le corps est pour le Moyen Âge le signe de l'âme. Le nain sait lire la vérité en faisant le détour par les astres, alors que Marc de ses yeux ne saura rien voir *(cf. résumé ci-contre).*
2. Les points de suspension indiqueront partout dans le texte que quelques vers manquent : on prendra conscience, à ce propos, de la fragilité de notre connaissance du texte de Béroul qui nous est parvenu en un unique exemplaire.
3. On remarquera la première d'une série d'allusions au passé qui nous permettent de reconstituer l'ensemble de la légende *(l. 11).*

QUESTIONS DE SYNTHÈSE

L'oralité du récit

1. *Relevez* (l. 1) *la trace dans le texte de son caractère oral. Relevez-en d'autres traces dans les pages suivantes (jusqu'à la fuite des amants dans la forêt).*
2. *Relevez dans cette scène d'autres apostrophes de ce genre* (l. 5)*: observez-en les variations et cherchez à en préciser l'intention, le sens, la portée.*
3. *Relevez dans le dialogue entre les deux amants les traces d'une "double énonciation" de caractère théâtral : quelles phrases sont destinées à Marc ? Quels mots, quelles expressions ont un double sens ? Quels autres effets dramatiques (c'est-à-dire caractéristiques du théâtre) peut-on trouver ici ?*

QUESTIONS

1. *Expliquez les termes du premier "serment ambigu" d'Yseut* (l. 9 et 10).
2. *Quel écho l'imprudent serment d'Yseut* (l. 14 à 16) *trouvera-t-il dans la suite de la narration ?*
3. *Y-a-t-il dans ce dialogue de véritables mensonges ? Lesquels ?*
4. *Que peut-on conclure des paroles de Tristan* (l. 37 à 39) *en ce qui concerne le rôle de la dame à la cour du seigneur son époux ?*

soliloque : discours d'un homme qui se parle à lui-même.

saint Evroul : nom d'un saint normand honoré dans un monastère près d'Argentan.

J'ai dû laisser tout mon équipage en gage, faites qu'on me le rende et je m'enfuirai car je n'ose rester. Je sais en toute certitude que ma renommée est telle qu'il n'y a cour au monde où je ne puisse aller et dont le seigneur ne m'accepte pour vassal.

Yseut, pour l'amour de Dieu, aidez-moi et acquittez les dettes que j'ai faites à mon hôte.

– Par Dieu, Tristan, je m'étonne vraiment d'une telle demande ! Vous voulez ma perte ! Ces paroles ne sont pas d'un véritable ami. Vous savez bien les soupçons que nourrit le roi, sincèrement ou par caprice. Par le Dieu de gloire, créateur du ciel, de la terre et des êtres humains, s'il m'entend seulement suggérer qu'on acquitte vos dettes, ce lui sera une preuve.

Assurément je ne puis être si téméraire. Et ce n'est pas l'avarice qui me fait parler ainsi, croyez-le bien. »

Là-dessus Yseut s'en est allée. Tristan l'a saluée en pleurant. Je crois le voir, appuyé sur le marbre gris de la margelle, il se livre à un triste soliloque* :

« Ah, Dieu, noble saint Evroul* ! Je ne pensais pas faire une telle perte ni partir dans un tel dénuement. Je m'en irai sans armes ni cheval, accompagné du seul Gouvernal. Ah, Dieu, comme on fait peu de cas d'un homme sans ressources ! Quand je serai en terre étrangère et que j'entendrai un chevalier parler de guerre, je ne pourrai que me taire. Un homme démuni de tout n'a rien à dire. Désormais il faut me résigner aux caprices de la fortune : elle m'aura fort accablé.

Cher oncle, celui qui m'a calomnié auprès de toi à propos de la reine me connaissait bien mal. Jamais une telle folie ne m'a tenté ! Cela me ressemblerait si peu ! »

Le roi, perché sur l'arbre a fort bien observé la rencontre et entendu tous les propos échangés. La pitié l'envahit et rien au monde ne pourrait l'empêcher de pleurer. Il a beaucoup de peine et se sent plein de haine pour le nain de Tintagel. [...]

(v. 197-264)

4. Tristan, écarté de la chambre royale, a dû se loger en ville. Son logeur, à ce qu'il dit du moins, a saisi en gage la seule chose qui appartienne en propre à un jeune chevalier : l'équipement de son cheval et ses armes *(l. 45)*. Parmi les armes défensives le haubert (cotte de mailles), par exemple, peut valoir très cher.

5. Yseut se défend d'avarice *(l. 58)*. La générosité est la première qualité des rois avec la justice. C'est elles qui permettent le fonctionnement du système féodal fondé sur un ensemble de droits et de devoirs réciproques, de services rendus et récompensés.

6. Ce personnage, rappelons-le, a assuré l'éducation de Tristan *(l. 64)*.

QUESTIONS

1. *Expliquez la phrase d'Yseut* (l. 54 à 56).
2. *Quelle image du personnage de Marc donnent ses réactions ?* (l. 73 à 76).

Disposition intérieure d'un château au XIIe siècle

Avec la "grande salle", lieu du pouvoir et de l'administration, la "chambre du roi" est une pièce essentielle du château. Il ne faut pas la concevoir comme un espace privé. On peut y dresser pour ceux qui ont la faveur royale des lits dont les rideaux assurent chaleur et intimité. Face à l'espace royal et magnifié par la fiction de Tintagel, voici un témoignage sur le réel : un riche château des Flandres, construit pour Arnoul d'Ardres et décrit par le clerc Lambert en 1120.

"Le premier étage était au niveau du sol. Là étaient les réduits à mettre les diverses récoltes et toute la garniture du château en mannes, tonneaux, cuves et autres ustensiles de ce genre. Au second étage, destiné à l'habitation et aux réunions de toute la maisonnée, étaient les chambrettes de panetiers et échansons ainsi que la grand'chambre où couchaient le seigneur et sa femme. À cette dernière étaient contigus le retrait des demoiselles suivantes et la pièce ou dortoir des enfants... L'étage supérieur du château était divisé par des soupentes en plusieurs hauteurs de pièces ayant des abords différents. Là couchaient les fils et les filles du seigneur, celles-ci régulièrement, ceux-là quand bon leur semblait."

(*Revue archéologique*, t. 12, 1856, p. 632-633)

Intérieur d'un château au Moyen Âge, lithographie de Charpentier, XIXe siècle.

Vénus : le texte d'ancien français donne ici à Vénus son nom ancien : "Lucifer". Le phénomène de conjonction des deux planètes observé par le nain est rare, ce qui explique son inquiétude.

féal : vassal. Du latin "fidelis" fidèle à la foi jurée.

Revenons-en au nain bossu, Frocin.

Il était dehors et observait le ciel. Il vit Orion et Vénus*. Il connaissait le cours des astres, observait les sept planètes et savait prédire l'avenir. Quand il apprenait la naissance d'un enfant, il pouvait dresser son horoscope.

Ce nain Frocin, plein de malice, s'évertue à tromper celui qui le tuera un jour. Dans la conjonction des astres, il a discerné un mauvais présage. Il devient pourpre et enfle de rage. Il a bien compris que le roi le menace et n'aura de cesse qu'il l'ait tué.

Les traits décomposés, il s'enfuit au plus vite vers le Pays de Galles.

(v. 320-338)

Dans les scènes suivantes on voit Tristan se confier à Gouvernal, Yseut à Brangien. Celle-ci aide les amants à achever de convaincre le roi de leur innocence. Marc semble désormais décidé à leur faire confiance. Cependant ses barons, ennemis du couple, ne désarment pas.

Ah, Dieu, qui peut aimer un an ou deux sans se trahir ? L'amour en effet ne se dissimule pas : souvent l'un des amants fait signe à l'autre, souvent ils se donnent des rendez-vous clandestins ou publics ; ils sont toujours impatients de se voir et multiplient les entretiens.

Il y avait à la cour trois barons des plus félons. Ils s'étaient juré que si le roi ne chassait pas son neveu du pays, ils ne toléreraient plus la situation, mais se retireraient sur leurs terres d'où ils feraient la guerre à Marc. Car dans un jardin, sous la ramure, ils avaient récemment vu la noble Yseut et Tristan se conduire de façon intolérable. Ils les avaient même vus à plusieurs reprises tous nus dans le lit de Marc.

En effet, quand le roi partait à la chasse, Tristan disait :

« Seigneur, je m'en vais moi aussi ».

Mais il demeurait, entrait dans la chambre et là, les amants restaient ensemble un grand moment.

« Nous allons le lui dire nous-mêmes. Allons trouver le roi. Bon gré, mal gré, il faudra bien qu'il chasse son neveu. »

Telle est leur décision unanime. Ils se sont adressés au roi, le prenant à part :

« Sire, font-ils, rien ne va plus. Ton neveu et Yseut s'aiment et chacun peut le constater. Nous ne sommes pas décidés à l'accepter plus longtemps. »

Le roi comprend. Il soupire et baisse la tête, ne sait que dire, marche de long en large, perplexe.

« Sire, disent les trois félons, nous n'en supporterons plus davantage ; car nous voyons que tu es au courant de ce crime et que tu le tolères. Que feras-tu ? Réfléchis bien ! Si tu ne chasses pas définitivement ton neveu de la cour, nous renoncerons à notre hommage, nous te ferons la guerre et nous engagerons nos voisins à te quitter aussi, car nous ne pouvons plus accepter cette situation. Nous t'aurons prévenu. Décide-toi !

– Seigneurs, vous êtes mes féaux*. Dieu sait que j'ai du mal à croire que mon neveu cherche à me déshonorer : c'est bien étrangement me servir ! Mais conseillez-moi, je vous en prie. C'est votre devoir et je ne veux pas perdre vos services. Soyez assurés que je n'y mettrai pas d'orgueil.

7. À sa laideur, le nain ajoute une infirmité *(l. 77)*. Or, au Moyen Âge, toute infirmité est considérée comme un châtiment divin. Par ailleurs, ses pouvoirs ne peuvent que le rendre suspect de commerce avec le diable.
8. Première apparition dans ce fragment du personnage de la suivante d'Yseut, demoiselle noble à qui la reine d'Irlande a confié sa fille lorsqu'est venu pour celle-ci le temps du mariage, mais aussi responsable, semble-t-il, de l'usage erroné du philtre *(cf. résumé ci-contre)*.
9. On observera que le chiffre trois donne à ces personnages un caractère symbolique plus que réaliste *(l. 93)*. Les barons félons, même lorsque Gouvernal ou Tristan en auront tué un ou deux, resteront "trois", représentant ainsi l'obstacle collectif du jaloux que la poésie occitane appelle "lozengier".

QUESTIONS

1. *Quel est l'effet que produit la narration par ces formules* (l. 82 à 84) *?*
2. *Qui parle ici* (l. 88) *?*

QUESTIONS DE SYNTHÈSE

La haine des barons

1. *Trouvez au moins deux raisons que les barons peuvent avoir de haïr Tristan.*
2. *Quel vocabulaire emploient les barons dans cette scène ?*
3. *En quoi peut-on dire qu'ils ont le droit pour eux ? Comment s'explique et s'apprécie l'attitude de Marc dans ces conditions ?*
4. *Que peut signifier symboliquement l'accolade donnée par un baron au nain* (l. 128) *?*

– Sire, faites revenir le nain devin. Il est fort érudit. C'est son conseil qu'il faut prendre. Qu'il vienne et on avisera. »

Et le nain d'accourir. Maudit soit-il, autant que bossu peut l'être ! Un des barons lui donne l'accolade et le roi lui expose toute l'affaire.

(v. 573-642)

Frocin a une machination toute prête : que Marc fasse croire à son neveu qu'il veut l'envoyer dès l'aube porter un message au roi Arthur. Tristan, incapable de partir pour si loin sans revoir Yseut, ne pourra résister au désir de la rejoindre dans la nuit, quel que soit le danger. Le nain se charge du reste.

Le nain plein d'astuce conçut un piège des plus vils. Il alla chez un boulanger et y acheta pour quatre deniers* de fleur de farine* qu'il serra dans sa ceinture. Qui aurait imaginé pareille ruse ?

Au soir quand le repas du roi fut terminé, tous s'installèrent pour dormir dans la grande salle. Tristan alla veiller au coucher du roi.

« Cher neveu, dit ce dernier, j'ai besoin de vous. J'ai des ordres à vous donner. Il vous faut chevaucher jusqu'à Carduel*, chez le roi Arthur pour lui faire tenir ce pli*. Saluez-le de ma part, mon neveu, et ne restez pas là-bas plus d'un jour. »

Tristan écoute les ordres du roi et lui répond :

« Sire, je partirai de bon matin.

– Oui, avant même la fin de la nuit. »

Tristan est très troublé. Entre son lit et celui du roi, il y a bien la longueur d'une lance.

L'idée qui lui vient est d'une folle témérité : il se dit qu'il parlera à la reine, s'il le peut, dès que son oncle sera endormi.

Dieu, quelle erreur ! C'est trop d'audace !

Le nain passait la nuit dans la chambre du roi. Écoutez comment il agit cette nuit-là. Il répand la fleur de farine entre les deux lits : que l'un des deux amants vienne à l'autre pendant la nuit et on lira la marque de ses pas dans la farine.

Tristan voit le nain s'appliquer à cette besogne et se demande ce que peut bien signifier cette activité inhabituelle. Puis il se dit :

« Il est probable qu'il répand de la farine à cet endroit pour que nous y laissions nos traces si nous nous rejoignons. Bien fou qui s'y risquerait maintenant. Il va voir. »

La veille, dans la forêt, Tristan avait été blessé à la jambe par un grand sanglier et cette plaie le faisait souffrir. Elle avait beaucoup saigné et, par malheur, elle n'était pas bandée.

Tristan ne s'est pas endormi, bien sûr. À minuit, le roi se lève et sort de la chambre, suivi du nain bossu. Dans la chambre pas la moindre clarté, pas un cierge, pas une lampe allumée.

Tristan s'est dressé sur sa couche. Dieu, pourquoi ? Mais écoutez !

Il a joint ses pieds, bien estimé la distance et a fait un tel bond qu'il est retombé sur le lit du roi.

Sa blessure se rouvre et saigne. Le sang tache les draps. Tristan ne sent rien, tout à son plaisir. En plusieurs endroits, le sang s'agglutine.

denier : la réforme monétaire de Charlemagne avait institué le système une livre = 20 sous, un sou = 12 deniers. Le denier d'argent était ainsi la plus petite unité, la seule vraiment frappée, les autres restant des monnaies de compte jusqu'au XIIIe siècle.

fleur de farine : farine la plus fine et la plus blanche.

Carduel : aujourd'hui Carlisle au nord de l'Angleterre. La cour de Marc est en Cornouailles au sud. La distance entre les deux villes est de plus de 400 kilomètres.

pli : lettre. On pliait autrefois sur elle-même la feuille sur laquelle on avait écrit avant de la cacheter à la cire, le sceau suffisant à en indiquer la provenance et l'authenticité.

10. Dans la "grande salle", lieu du pouvoir et de l'administration, on dresse des lits pour les hôtes de marque du roi. Tristan, parent et plus proche vassal du roi, couche dans la "chambre royale" où il veille sur son oncle *(l. 135)*.

11. Pour la première fois, le texte relie la légende de Tristan au monde arthurien *(l. 139)*. Arthur, souverain féodal idéal de la littérature médiévale, a, dans ce roman, un rôle d'arbitre en matière de courtoisie et de justice.

12. Cette indication *(l. 159)* peut passer pour une recherche de réalisme. On réfléchira cependant sur les blessures de Tristan à travers toute la légende, à leur rôle dans le récit et aux significations qu'elles peuvent y prendre.

QUESTION

Tristan est-il dupe des intentions de Marc ?

QUESTIONS DE SYNTHESE

Le rôle du narrateur

1. *Le narrateur intervient à plusieurs reprises dans ce passage. Que soulignent ses interventions ?*
2. *Observez la structure de l'ensemble de l'épisode. Précisez la part de la narration, des dialogues, des monologues, des interventions du narrateur.*
3. *Montrez comment Béroul crée la tension dramatique dans ces pages.*
4. *Deux écritures différentes apparaissent dans ce passage. Commentez leurs ressemblances, leurs différences, leur valeur de "signe", leur rapport au mensonge et à la vérité.*

ourdir :
disposer côte à côte les fils qui forment la chaîne d'un tissu. Le sens dérivé est alors entrecroiser les fils d'une intrigue, machiner, tramer.

Le nain, à l'aspect de la lune, sait que les amants sont enlacés. Il en tremble de joie et dit au roi :

« Maintenant, si tu ne peux pas les prendre en flagrant délit, je veux bien être pendu. »

Les trois félons par qui cette machination avait été ourdie* sont là, eux aussi. Le roi entre. Tristan l'entend, se lève, affolé, et regagne son lit d'un bond. Dans ce mouvement son sang coule, hélas, de la plaie sur la farine. Ah, Dieu, quel dommage que la reine n'ait pas changé les draps du lit. Ni l'un ni l'autre n'aurait pu être confondu cette nuit-là. Si elle y avait pensé, la reine aurait plus facilement défendu son honneur. Mais il plut à Dieu de faire pour eux, par la suite, un grand miracle.

Le roi revient dans sa chambre. Le nain, qui tient la chandelle, avec lui. Tristan faisait semblant de dormir, ronflant bruyamment. Il n'y avait personne d'autre dans la chambre que Périnis, couché immobile à ses pieds et la reine, allongée sur son lit. Sur la farine le sang tout frais. Le roi en voit aussi sur le lit : les draps blancs en sont vermeils et sur la fleur de farine on distingue la trace du saut.

(v. 673-769)

Marc ordonne l'arrestation d'Yseut et de Tristan qui lui oppose peu de résistance, croyant pouvoir justifier la reine dans un duel judiciaire. Mais Marc n'a pas l'intention d'offrir aux accusés un véritable procès, quelle qu'en soit la forme.

Le bruit court dans la cité qu'on a surpris ensemble Tristan et la reine Yseut et que le roi veut leur mort. Petits et grands, tous s'affligent l'un disant à l'autre :

« Hélas, nous avons bien des raisons de pleurer. Ah, Tristan, si vaillant ! Quel malheur que ces misérables vous aient trahi ! Ah, noble reine, reine honorée, où trouver une fille de roi qui te vaille ?

13. Périnis est le page de Tristan. Les jeunes gens nobles, confiés par leur père à un seigneur influent, font leur éducation dans ce rôle.

QUESTIONS DE SYNTHÈSE

Une imprudence fatale

1. *Étudiez le thème de la fatalité à travers cet épisode. Songez au rôle du philtre : comment explique-t-il l'attitude de Tristan et Yseut ici ?*
2. *Béroul annonce une intervention divine en faveur des amants* (l. 182 et 183). *Qu'est-ce que cela implique ? Sont-ils réellement coupables à ses yeux ?*

QUESTIONS

1. *Quel rôle joue le peuple dans ce passage* (l. 193 à 219) *? De quel personnage du théâtre antique peut-on le rapprocher ?*
2. *Que peut évoquer, aussi, la forme exclamative des phrases ?*

Un autre couple légendaire : la nuit d'amour de Guenièvre et Lancelot

Pour rejoindre la reine qui l'attend, Lancelot a dû briser les barreaux de fer qui défendent la fenêtre de sa chambre où repose aussi le sénéchal Keu blessé. Lancelot se coupe sérieusement à la main, mais tout à son bonheur, il ne le sent pas. Comme Tristan, il sera trahi par le sang ainsi répandu sur la couche de la reine :

"Il se prosterne devant elle, l'adorant, car elle est la plus sainte des reliques. Mais la reine lui tend les bras, l'enlace, le serre sur son cœur et l'attire jusque sur sa couche, tout contre elle. Si elle lui fait le meilleur des accueils, c'est qu'elle obéit à l'Amour, qu'elle fait ce que son cœur lui dicte. L'Amour la pousse à agir ainsi. Mais si fort qu'elle l'aime, il l'aime encore davantage, car au regard de ce qu'il fit pour lui, l'Amour fut avare pour tous les autres cœurs. À fleurir si parfaitement dans son cœur, Amour ne peut que dépérir dans tous les autres.

Maintenant Lancelot a tout ce qu'il désirait tant, puisque la reine prend plaisir à sa compagnie, à ses propos amoureux, puisqu'il la serre dans ses bras et qu'elle le tient entre les siens. Ces jeux d'amour, ces baisers, ces caresses leur sont si doux, si délicieux qu'ils connaissent une véritable extase. Jamais on n'en avait encore connu de semblable. Mais je n'en dirai rien car il n'est pas convenable d'en parler dans un conte."

(Chrétien de Troyes, *Lancelot, le chevalier de la charrette*, v. 4651 à 4682)

Illustration du Roman de la Rose, *enluminure du XVI*e *siècle.*

abside : extrémité arrondie en hémicycle du chœur d'une église.

Ah, nain, c'est ta science qui est cause de tout. Qu'il renonce à contempler un jour la face de Dieu celui qui rencontrera le nain sans lui passer sa lance à travers le corps. Ah, Tristan, comme nous pleurerons, cher et précieux ami, quand vous serez supplicié ! Hélas, quelle douleur causera votre mort !

Quand jadis le Morholt débarqua ici pour nous arracher nos enfants, il réduisit si bien nos barons au silence qu'il n'y en eut pas un seul pour oser l'affronter. C'est vous qui avez pris les armes pour le peuple de Cornouailles et avez tué le Morholt. Et, seigneur, il vous avait infligé de son javelot une blessure qui faillit vous être fatale. Jamais nous ne devrions accepter de vous voir mis à mort. »

Le bruit et la fureur augmentent. Tous courent droit au palais. Le roi est impitoyable et opiniâtre. Il n'est baron, si puissant ou si hardi soit-il, qui ose solliciter sa clémence.

Le jour paraît. La nuit s'achève. Le roi envoie chercher des épines et creuser une fosse. Impérieux, il fait rassembler au plus vite des épines, blanches et noires, et leurs racines.

Déjà c'était l'heure de prime. Les crieurs proclamèrent par tout le pays que chacun devait se rendre à la cour. On y vient le plus vite possible. Les Cornouaillais se rassemblent à grand bruit, dans une grande confusion. Tous se lamentent, sauf le nain de Tintagel.

Le roi leur déclare et leur expose qu'il veut faire périr sur un bûcher son neveu et sa femme. Tous ses sujets se récrient :

« Sire, ce serait une terrible faute de ne pas les juger d'abord. Vous les ferez exécuter ensuite. Sire, par pitié ! »

Le roi, furieux, répond :

« Par Dieu créateur de tout ce qui est au monde, je les ferai brûler dussé-je perdre tout ce que je possède, dût-on me le reprocher un jour. Laissez-moi tranquille ! »

Il ordonne d'allumer le feu et de faire amener son neveu qu'il veut voir brûler le premier. On va le chercher ; le roi l'attend. On l'entraîne, les mains liées. Dieu, quelle indignité ! Tristan pleure, mais en vain, on le fait sortir en le maltraitant honteusement. Yseut pleure, presque folle de désespoir.

« Tristan, fait-elle, quel malheur de vous voir, ainsi lié, subir ces outrages ! Si je pouvais donner ma vie en échange de votre sûreté, ce serait avec joie, très cher ami. Au moins pourriez-vous nous venger. »

Mais apprenez, seigneurs, ce qu'est la bonté divine. Car Dieu ne veut pas la mort du pécheur. Il a entendu les cris et les pleurs des pauvres gens en faveur des amants dans la détresse.

Sur le chemin suivi par Tristan et son escorte se trouvait une chapelle sur une hauteur au bord des rochers. Elle surplombait la mer, face au vent du nord. Ce qu'on appelle le chœur était bâti sur un escarpement. Au-delà plus rien, que la falaise. Cette hauteur était extrêmement rocailleuse. Un écureuil n'aurait pu sauter de là sans se tuer. L'abside* était éclairée par une verrière aux teintes pourpres, ouvrage d'un saint homme.

Tristan interpelle ses gardiens :

« Seigneurs, il y a là une chapelle. Pour l'amour de Dieu, laissez-moi y entrer. Je vais bientôt mourir, je veux prier Dieu d'avoir pitié de moi car j'ai beaucoup péché. Seigneurs, il n'y a

14. En agissant ainsi *(l. 225 à 228)*, le roi se met dans son tort, en quelque sorte "hors la loi". Le monarque féodal qui n'assure plus son rôle de justicier suprême rompt le pacte qui le lie à ses vassaux.

15. On voit que la passion des amants est absolument réciproque *(l. 232 à 236)*, ce qui la différencie de l'amour courtois.

QUESTIONS

1. *Comment le résumé du début de l'histoire de Tristan* (l. 202 à 208) *tente-t-il de disqualifier les adversaires de ce dernier sur le plan du droit féodal ?*
2. *Comment le texte parvient-il à faire des amants coupables des innocents persécutés ?*
3. *Commentez l'explication que Béroul donne ici de l'intervention divine* (l. 237 à 239).

qu'une porte et vous êtes armés. Vous savez bien qu'il n'y a pas d'autre issue que celle-ci ; il me faudra bien repasser par ici. Ma prière dite, je reviendrai donc à vous. »

Un des gardes dit alors à son compagnon :

« Nous ne risquons rien à le laisser aller. »

Ils détachent Tristan, qui entre. Il ne perd pas de temps. Il passe derrière l'autel, atteint la fenêtre, la tire à lui et s'élance par l'ouverture. Il préfère encore se jeter dans le vide que d'être brûlé sur la place publique. Seigneurs, il y avait une grande et large pierre en corniche à mi-pente de la falaise. Tristan y bondit avec légèreté. Le vent, s'engouffrant sous son manteau, le soutient dans sa chute. (Les Cornouaillais appellent encore cette pierre le « Saut Tristan »).

Dans la chapelle, un grand nombre de fidèles. Tristan a sauté, le sable était meuble. Tous sont agenouillés dans l'église. Les gardes attendent Tristan devant la porte. En vain. Dieu l'a pris en pitié. Il suit le rivage à grandes enjambées. Il entend distinctement crépiter le feu du bûcher et n'a pas du tout envie de revenir en arrière. Il court aussi vite qu'il le peut.

(v. 827-964)

Tristan retrouve Gouvernal qui a pris soin de se munir de l'épée et d'un haubert de son maître. Ainsi armé, celui-ci se déclare prêt à aller à la rescousse d'Yseut. La reine se réjouit d'apprendre l'évasion de son ami, indifférente à sa propre mort dès lors qu'elle sait qu'elle sera vengée. Le sénéchal* de Marc, Dinas, tente une dernière fois de raisonner le roi pour sauver Yseut, en vain. Il déclare alors se retirer sur ses terres pour ne pas cautionner par sa présence un supplice injuste.*

On conduit Yseut au bûcher. La foule qui l'entoure crie son désespoir, maudit les traîtres conseillers du roi. Les larmes coulent sur le visage de la reine. La dame porte un bliaut* de brocart gris, étroitement cousu sur elle de fils d'or. Ses cheveux

haubert : cotte de maille.

sénéchal : officier féodal qui était avant le XIIe siècle responsable de l'intendance et depuis cette époque responsable de la justice.

bliaut : robe de riche étoffe des dames, ou tunique très ajustée que les hommes portent sous la cotte de mailles ou comme costume d'apparat.

16. Les détails donnés sur le décor sont sans doute justifiés par cette phrase *(l. 262 et 263)* : c'est pour donner à son texte un ancrage dans le réel que Béroul rapporte ainsi cet épisode. Cependant on peut noter que les héros des contes celtes accomplissent souvent des bonds ou des sauts prodigieux.

17. Dinas a, comme Gouvernal, participé à l'éducation du jeune Tristan. Ce personnage représente auprès de Marc les grands barons favorables au couple et joue ainsi un rôle symétrique à celui des félons. Il use ici du même argument que ces derniers et va jusqu'au bout : il rompt son hommage *(cf. résumé ci-contre)*.

QUESTIONS

Dans quelle mesure, dans tout cet épisode, Béroul suggère-t-il le miracle ? L'affirme-t-il ? Quels éléments du texte vont au contraire dans le sens du réalisme ?

Le costume féminin au XIIe siècle

Hommes et femmes sont vêtus à cette époque de façon assez semblable. Les étoffes et les couleurs sont cependant plus variées ou raffinées pour les femmes.

La mode étant aux poitrines hautes, les femmes s'enveloppent souvent dans une sorte de voile de mousseline qui fait office de soutien-gorge, mais ne portent pas d'autres sous-vêtements.

Portée à même la peau, une chemise à manches longues plissée tombe jusqu'aux chevilles. De laine d'abord, elle est devenue de toile plus ou moins fine, parfois même de soie. On l'aime blanche.

Les chausses comme celles des hommes sont des bas épais tenus par des jarretières. Les souliers ont des talons hauts.

Le vêtement de dessus peut être une cotte : robe longue évasée fendue sur les côtés au corsage très ajusté, recouverte d'un surcot, sorte de veste fourrée en hiver et simple en été, ou un bliaud, tunique longue moulant le torse et les hanches avant de s'évaser. En soie ou en brocart, les plus beaux bliauds sont rehaussés d'orfèvrerie.

Les manches sont soumises à des modes extravagantes, devenant parfois à partir du coude de vastes entonnoirs qui touchent le sol, elles sont, à la fin du XIIe siècle, extrêmement étroites et même cousues sur la dame une fois le vêtement enfilé.

Le manteau est une pelisse semi-circulaire fermée sur le devant par des aiguillettes et des agrafes.

Costumes féminins du XIIe siècle, gravure allemande, fin du XIXe siècle.

crécelle : moulinet de bois très bruyant.

commerce : rapports sexuels.

tombent jusqu'à ses pieds, tressés d'un galon d'or. Il faudrait avoir le cœur bien dur pour ne pas avoir pitié d'elle à la voir si belle, si gracieuse.

Il y avait à Lantien un lépreux horriblement difforme appelé Yvain. Il était venu assister au jugement avec une bonne centaine de ses compagnons munis de béquilles et de bâtons. Jamais on ne vit rassemblés tant d'êtres si laids, contrefaits et mutilés. Chacun brandissait sa crécelle*. Il crie au roi, d'une voix grêle :

« Sire, tu veux châtier ta femme en la faisant ainsi brûler. Terrible punition mais qui, pour autant que je sache, ne durera pas bien longtemps. Ce grand feu l'aura vite consumée et le vent aura tôt fait de disperser ses cendres. Ce feu mourra et, quand il ne sera plus que braises, c'en sera déjà fini du châtiment.

Si tu veux m'en croire, tu lui infligeras un supplice tel qu'elle regrettera de n'être pas morte, car elle ne vivra plus que dans l'abjection. Partout où on la racontera, cette histoire te vaudra la plus grande considération. Sire, es-tu prêt à m'écouter ? »

Le roi, intéressé, lui répond :

« Si tu peux m'indiquer le moyen infaillible de la faire vivre dans l'infamie, je t'en saurai gré, crois-le bien, et tu pourras disposer de ma fortune si tu le désires. Je ne connais pas de châtiment plus cruel, plus douloureux que celui-ci. Mais, par Dieu, celui qui m'en révélerait un pire aurait droit à toute mon amitié. »

Yvain répond :

« Sire, je serai bref. Regarde, j'ai ici cent compagnons. Donne-nous Yseut. Elle sera notre bien commun. Jamais dame n'aura connu une fin si atroce. Sire, notre lubricité est si ardente qu'il n'existe pas de femme capable de supporter notre commerce* plus d'un jour. Nos habits nous collent à la peau. Avec toi elle avait l'habitude de la belle vie, de la fourrure, de la gaieté. Elle avait appris à apprécier les bons vins, les grandes salles de marbre gris. Si tu nous la donnes à nous, les lépreux, quand elle verra nos bouges, nos écuelles, et qu'il lui faudra coucher avec nous, quand, au lieu des bons repas que tu lui fournissais, elle aura les rogatons, les détritus qu'on jette devant nos portes, et, par le Dieu du ciel, quand elle verra notre cour à nous, alors tu pourras jouir de son désespoir : elle appellera la mort de ses vœux. Elle comprendra, cette vipère, à quel point elle a fauté, et elle regrettera le bûcher. »

Le roi l'écoute, debout, sans bouger. Il comprend très bien ce que propose Yvain ; alors il se jette sur Yseut et la prend par la main. Elle crie :

« Sire, pitié ! Ne me livre pas à lui ! Brûle-moi plutôt ! »

Le roi la remet à Yvain qui la prend. Cent lépreux, au moins, se pressent autour d'elle. Ce sont de tels grognements, de tels cris que l'assemblée en est bouleversée. Yvain, lui, est ravi.

Yseut disparaît, Yvain l'entraîne vers le rivage. La horde des lépreux, tous embéquillés, pique droit sur la cachette où Tristan s'est embusqué et les attend. Gouvernal lui crie :

« Mon fils, que vas-tu faire ? Voici ton amie ! »

« Dieu, dit Tristan, quelle aventure ! Ah, noble Yseut, comme il aurait été préférable que vous mouriez pour moi et moi pour vous ! Mais si ceux qui vous détiennent ne vous relâchent pas immédiatement, ils peuvent être certains qu'ils vont le regretter ! ».

18. Yvain ne doute pas un instant de la culpabilité d'Yseut *(l. 282 à 290)*, mais la certitude même de ce personnage ignoble concourt plutôt à redonner de l'innocence à Yseut.

19. Le mot traduit ici par "bouge" *(l. 307)* est le mot d'ancien français "bordeau" – ou "bordel" – diminutif de "bord" qui désigne une petite et pauvre cabane et, à partir de 1200 environ, la maison où les prostituées exerçaient leur commerce, à l'écart, dans des quartiers réservés.

QUESTIONS

1. *Quels sont les éléments essentiels de ce portrait* (l. 271 à 276) *? Sachant que beauté et bonté sont confondues par le Moyen Âge, que suggère-t-il ?*
2. *Observez en détail l'effet de symétrie/opposition produit par le texte* (l. 270 à 281).
3. *Par cette réplique, le personnage de Marc se trouve rapproché de celui du lépreux. En quoi* (l. 296 et 297) *?*
4. *Étudiez précisément la construction du discours d'Yvain et montrez comment la société des lépreux est ici décrite comme un anti-monde.*
5. *Précisez la symbolique de la vipère* (l. 311).
6. *Cette apostrophe* (l. 324) *met en évidence le rôle de Gouvernal par rapport à Tristan mais aussi par rapport à Marc. Quel est ce rôle ?*

QUESTIONS DE SYNTHÈSE

Un épisode dramatique

1. *Sur l'ensemble de l'épisode* (l. 191 à 346), *comparez les scènes de foule, la manière dont elles interviennent dans la narration, leur effet de pathétique.*
2. *Comment le texte donne-t-il dans tout cet épisode, l'impression d'une implacable fatalité ?*

destrier : cheval de combat. Lorsqu'il n'est pas monté, l'écuyer le mène à main droite, ce qui explique son nom.

ermitage : lieu désert dans lequel se retire seul un religieux pour méditer et prier.

Éperonnant son destrier*, il jaillit du bosquet et crie à pleine voix :

« Yvain, ça suffit. Laissez-la si vous ne voulez pas que je vous fasse voler la tête d'un coup d'épée ! »

Yvain entreprend d'ôter son manteau et s'écrie :

« À vos béquilles ! On va savoir qui est des nôtres ! »

Il fallait voir les lépreux haletants enlever capes et manteaux. Chacun de brandir sa béquille contre Tristan. L'un profère des menaces, l'autre des injures. Mais Tristan ne veut pas toucher, assommer ou blesser un de ces malades. Gouvernal accouru à son appel arrive, muni d'une trique de houx ; il frappe Yvain qui tient Yseut. Le sang jaillit et coule jusqu'à ses pieds. Son maître seconde bien Tristan : il saisit Yseut par la main.

Les conteurs disent que les deux hommes noyèrent Yvain. Mais ce sont des ignorants qui ne connaissent pas bien l'histoire. Béroul l'a beaucoup mieux retenue. Tristan était bien trop noble et courtois pour tuer des individus de cette espèce.

(v. 1141-1271)

Les amants, accompagnés de Gouvernal, se réfugient dans la forêt du Morois où ils vivent de la chasse dans un inconfort physique compensé par le bonheur de l'amour partagé.
Un épisode parallèle du roman raconte la fin du nain Frocin. Celui-ci a trahi auprès des barons le secret de Marc : le roi a des oreilles de cheval. Apprenant cette indiscrétion, Marc accuse le devin d'être responsable de cette difformité et le tue de sa propre main.

Souvenez-vous, seigneurs : Tristan a sauté du haut de la falaise et Gouvernal s'est enfui à cheval, craignant d'être brûlé si Marc mettait la main sur lui. Ils sont donc ensemble dans la forêt. Tristan nourrit ses compagnons de gibier. Des jours et des jours ils demeurent dans ces bois. Ils quittent chaque matin le campement de la nuit.

Un jour ils arrivent par hasard à l'ermitage* de frère Ogrin. Leur vie est dure mais leur amour réciproque les arme contre la

20. Ce choix de Béroul *(l. 343 à 346)* marque peut-être de "courtoisie" son texte. On remarquera en tout cas l'opposition entre les mots "*conteurs*" renvoyant à une tradition diverse, et "*histoire*" qui suppose l'intervention structurante d'un véritable "auteur" et le passage à l'écrit.
21. On a rapproché le nom de "Morois" de celui de "Moresc", manoir situé dans le sud-est de la Cornouailles *(cf. résumé ci-contre)*.
22. Le nom de Marc permet un jeu de mots, "marc'h" signifiant cheval dans les langues celtes. La référence à la légende des oreilles d'âne du roi Midas est par ailleurs évidente.
23. La récapitulation est une technique assez fréquente chez Béroul : elle est rendue plus nécessaire ici *(l. 347 à 352)* par l'épisode de la mort du nain, ressenti par le jongleur lui-même comme un élément assez étranger au récit principal.

QUESTIONS

1. *Expliquez le geste d'Yvain et son intention* (l. 334).
2. *Pourquoi cette arme* (l. 340), *et pourquoi est-ce Gouvernal qui combat ici ?*
3. *Quelle est la raison de l'errance perpétuelle des amants ?*
4. *Commentez l'expression "par hasard"* (l. 353).
5. *Pourquoi ces précisions de Béroul* (l. 354 et 355) *?*

La lèpre au Moyen Âge

Le lépreux échappe aux normes. Estropié, infirme, il est marginalisé par la société médiévale et assimilé par elle au mal. Vivant surtout de charité, les "ladres" sont rassemblés dans des léproseries ou entassés aux portes de la ville. Le troisième concile de Latran, en 1179, a proclamé leur exclusion et saint Louis ordonne dans ses *Établissements* qu'on les "jette hors de ville" s'ils sont sans travail.
La médecine du Moyen Âge retient surtout les symptômes que la lèpre présente en commun avec d'autres maladies et la confond volontiers avec la syphilis, en faisant une maladie sexuellement transmissible. La lèpre est alors interprétée comme le châtiment du péché et notamment de l'adultère. Le lépreux est réputé travaillé par une excessive ardeur sexuelle.
Ainsi s'explique la représentation mi-tragique mi-grotesque d'Yvain et de sa troupe, qui sont à la fois le mal, l'anti-courtoisie et l'incarnation de la luxure, figures démoniaques se jetant sur Yseut comme des diables sur l'âme du pécheur et en même temps occasions de plaisanteries et de sous-entendus à l'obscénité comique.

Un lépreux, miniature du XVe siècle.

souffrance. L'ermite reconnaît Tristan. Appuyé sur sa canne il l'interpelle, écoutez en quels termes :

« Tristan, toute la Cornouailles s'est solennellement engagée par serment. Il y a cent marcs d'argent pour qui vous livrera. Il n'est baron de ce pays qui n'ait juré personnellement à Marc, sa main dans les siennes, de s'emparer de vous, mort ou vif. »

Ogrin ajoute avec bonté :

« Par ma foi, Tristan, Dieu pardonne à celui qui se repent, pourvu qu'il croie et se confesse. »

Tristan répond :

« Seigneur, par ma foi, elle m'aime sincèrement et vous ne pouvez pas comprendre pourquoi. Le philtre est responsable de cet amour. Je ne peux me séparer d'elle ni elle de moi : voilà la vérité. »

Ogrin lui dit :

« Que faire pour un homme mort ? Car il est mort celui qui vit trop longtemps dans le péché sans se repentir et nul ne peut donner l'absolution à qui n'a pas de contrition. »

L'ermite Ogrin les sermonne longuement et les exhorte au repentir. Il leur cite à maintes reprises la Sainte-Écriture et les incite à se séparer. Avec émotion il dit à Tristan :

« Que décides-tu ? Réfléchis bien.

– Seigneur, j'aime éperdument Yseut, au point d'en perdre le sommeil. Il n'y a rien à décider. J'aime mieux être mendiant et vivre d'herbe et de glands avec elle que de posséder le royaume du roi Otran*. Inutile de parler de la quitter : cela m'est impossible. »

Yseut pleure aux pieds de l'ermite. Sur son visage les couleurs se succèdent, elle ne cesse d'en appeler à la compréhension d'Ogrin.

« Seigneur, par Dieu tout-puissant, s'il m'aime et si je l'aime c'est uniquement à cause d'un breuvage que nous avons bu par malheur. Et voilà pourquoi le roi nous a chassés. »

Et l'ermite de lui rétorquer :

« À dieu vat ! Que le créateur vous inspire un sincère repentir. »

(v. 1351-1419)

Husdent, le chien braque de Tristan devient fou de mélancolie du fait du départ de son maître. Marc le fait détacher et le chien, suivant la trace de Tristan de la chambre à la chapelle, saute, comme l'a fait son maître, et s'enfonce dans la forêt du Morois où la cour n'ose le suivre. Tristan, craignant que les aboiements d'Husdent ne les fassent découvrir, veut le tuer, mais Yseut le convainc de le dresser à traquer le gibier en silence. Le braque fidèle, bon chasseur, aide les amants à mieux vivre. Cependant, chacun s'inquiète pour l'autre des difficultés de cette existence errante. Un jour Gouvernal surprend dans la forêt un des trois barons félons ennemis jurés du couple, et le tue.*

C'est dans cette forêt que Tristan a inventé « l'arc-qui-ne-manque-jamais-son-but* ». Il l'a disposé de telle manière qu'il tue à tous coups. Qu'un cerf ou un daim, passant dans le bois, frôle les rameaux où l'arc bandé est fixé, et il est frappé : en haut s'il en heurte le haut, en bas, s'il en heurte le bas. Tristan a donné à l'arc qu'il a fabriqué le nom le plus convenable car il est juste de nommer « arc-qui-ne-manque-jamais-son-but » celui qui

Otran : roi sarrasin. Dans les épopées, les chansons de geste, ces rois orientaux incarnaient l'extrême richesse.

braque : chien de chasse à poil ras. Très bon chien d'arrêt.

l'arc qui ne manque jamais son but : en ancien français : "l'arc qui ne faut" du verbe faloir = faillir.

24. Ce geste *(l. 360)* qui est celui de l'hommage du vassal au seigneur symbolise la confiance réciproque, le lien sacré qui unit les hommes dans le serment, la fidélité du vassal et la promesse de protection du seigneur.

25. Le sacrement de pénitence prend beaucoup d'importance dans la vie de l'Église au XIIe siècle et change les attitudes mentales des fidèles *(l. 362 et 363)*.

26. On doit remarquer que malgré la mort de l'un d'entre eux les trois félons seront toujours trois dans la deuxième partie du roman, comme si le Mal, hydre à plusieurs têtes, devait être perpétuellement re-tué *(cf. résumé ci-contre)*.

QUESTIONS

1. *Comparez la somme avec celle dépensée par le nain Frocin pour la farine. Qu'en conclure ? (250 grammes valent à peu près un marc)*
2. *Comment les propos d'Ogrin montrent-ils l'importance du sacrement de pénitence ?*
3. *Par quelle construction les deux répliques de Tristan et d'Yseut,* "je ne peux me séparer ... vérité" *et* "Seigneur, par Dieu ... malheur" *soulignent-elles la fermeture à tout ce qui n'est pas eux-mêmes des deux amants ?*
– Observez les pronoms personnels.
– Quels mots-clefs sont aussi mis en rapport par leur place dans ces phrases ?
4. *Quel peut être le rôle dramatique de l'irruption d'Husdent au plus profond de la forêt du Morois ?*

QUESTIONS DE SYNTHÈSE

Un difficile repentir

1. *Sur l'ensemble de l'épisode* (l. 353 à 390), *par quel procédé d'écriture Béroul donne-t-il plus de force aux propos des amants qu'à ceux du saint homme ?*
2. *Quelle différence de comportement constate-t-on de Tristan à Yseut ? Comment l'expliquez-vous ?*

forestier : le forestier assurait la surveillance de la forêt seigneuriale ou royale. Il infligeait des amendes aux contrevenants ce qui explique son impopularité et ici le rôle antipathique joué par ce personnage.

frappe tout ce qui le touche, que ce soit en haut ou en bas. Et l'on peut dire qu'il leur est très utile : il leur permet de manger en abondance de cerf et il faut bien qu'ils mangent du gibier car le pain leur fait défaut et ils n'osent s'aventurer dans la plaine. Longtemps ils ont vécu à ce régime. Tristan était habile à la chasse. Ils avaient tout le gibier nécessaire.

Seigneurs, c'était au temps de la fenaison, un peu après la Pentecôte, un matin à l'aube, quand les oiseaux chantent le lever du jour.

Tristan sort de la hutte où il a dormi, ceint de son épée, s'en va tout seul vérifier « l'arc-qui-ne-manque-jamais-son-but » et chasser dans les bois. Sur le chemin du retour il se sent très fatigué. Qui connut avant les amants une telle souffrance ? Pourtant, grâce à leurs attentions l'un pour l'autre, ils ne s'en rendent pas compte. Depuis leur retrait dans le Morois, jamais amants n'ont eu à vider semblable calice ; jamais, comme il est écrit dans le livre qu'a consulté Béroul, il ne s'est trouvé couple pour vivre un si grand amour et le payer aussi cher.

La reine va à la rencontre de Tristan. La chaleur est pénible et les accable [...]

« Ami, où avez-vous été ?

– J'ai poursuivi un cerf et je suis fatigué. J'ai tant chassé que j'en suis rompu ; j'ai sommeil et j'aimerais dormir. »

La hutte est faite de jeunes rameaux et tapissée de feuillage ; Une jonchée couvre le sol. Yseut se couche la première. Tristan en fait autant après avoir tiré son épée qu'il place entre eux deux. Yseut a gardé sa chemise (si elle avait été nue, ce jour-là, un terrible malheur se serait abattu sur eux). Tristan, quant à lui, n'a pas quitté ses braies. La reine porte la bague en or sertie d'émeraudes de ses noces. Son doigt est si mince qu'il la retient à peine. Voyez comme ils sont couchés : Tristan a passé un bras sous le cou d'Yseut, son autre bras repose sur le corps de sa bien-aimée. Elle l'étreint et il la serre dans ses bras. Ils ne cachent pas leur tendresse. Leurs bouches se frôlent et pourtant ne se touchent pas. Pas un souffle ne fait frémir les feuillages. Un rayon de soleil tombe sur le visage d'Yseut, plus brillant que glace. Ainsi dorment les amants, sans penser à mal.

(v. 1751-1830)

Un forestier découvre le refuge de Tristan et Yseut et court prévenir Marc. Le roi exige d'être conduit seul jusqu'à la hutte : il veut surprendre lui-même les amants.*

Le roi délace son manteau aux agrafes d'or massif. Ainsi dévêtu il a fière allure. Il tire son épée du fourreau et s'avance, furieux, répétant qu'il mourra s'il ne les tue. Il pénètre dans la hutte, l'épée au poing. Le forestier le suit de près et le rejoint rapidement. Le roi lui fait signe de se retirer et lève son arme. La colère le pousse, mais soudain, elle s'apaise.

Il allait les frapper et les tuer et c'eût été un grand malheur, mais quand il voit qu'Yseut a gardé sa chemise et qu'une certaine distance les sépare, quand il voit l'épée nue entre eux et que leurs bouches ne se touchent pas, quand il voit les braies que porte Tristan, le roi s'écrie :

« Dieu, qu'est-ce que cela ? Maintenant que j'ai vu leur comportement de mes yeux, je ne sais que faire, les tuer ou m'en

27. La jonchée est un semis de roseaux et de plantes aromatiques dont on couvrait le sol des salles principales des châteaux. Ici elle est plus rustique sans doute *(l. 422)*. La hutte par son matériau rapproche les héros de la nature. Dans la forêt, ils n'appartiennent plus à l'ordre de la culture et de la société.

28. L'émeraude à la couleur verte peut symboliser l'espérance, la renaissance, la fidélité *(l. 427)*.

QUESTIONS

1. *Que souligne cet épisode et comment* (l. 391 à 403) *?*
2. *Quel est le sens symbolique de l'indication de temps* (l. 404 à 406) *– heure du jour mais aussi choix de la fête religieuse ? Quel est le sens exact de cette dernière ?*
3. *Quelle est l'intention de Béroul dans ce passage* (l. 407 à 415) *? Quels sont les termes qui soulignent la force de son propos ? Quels sont les sentiments du narrateur pour ses héros ?*

QUESTIONS DE SYNTHÈSE

Un tableau innocent

1. *Sur l'ensemble du passage* (l. 421 à 434)*, relevez exactement les éléments du décor. Que suggère le calme de ce tableau ? Sur quoi insiste Béroul ? Les signes sont-ils clairs ?*
2. *Quelles sont les expressions qui suggèrent l'innocence des amants ? Quelles sont celles qui la nient ?*
3. *Les raisons du comportement des amants sont-elles données ?*
4. *Que signifie la remarque sur l'anneau d'Yseut ? Quelle en sera l'utilité narrative ?*

aller. Cela fait bien longtemps qu'ils vivent dans ces bois. On peut penser, avec un peu de bon sens, que s'ils s'aimaient d'amour coupable ils seraient nus, qu'il n'y aurait pas d'épée entre eux et qu'ils se comporteraient autrement. Je voulais les tuer mais je ne les toucherai pas et je renonce à ma colère. Ils ne sont pas adultères, je ne les frapperai pas. Ils dorment, les toucher serait une faute : si j'éveille Tristan et qu'il me tue ou que je le tue, quelle affaire ce sera !

Je vais leur laisser des signes qui, à leur réveil, leur prouveront qu'on les a découverts, qu'on a eu pitié d'eux et que je n'ai pas l'intention de les tuer, ni moi ni qui que ce soit dans mon royaume. Je vois au doigt de la reine la bague aux émeraudes que je lui ai offerte. Elle est de grande valeur. J'ai moi-même celle qu'elle m'a donnée jadis. Je vais lui retirer son anneau. J'ai sur moi des gants en peau d'écureuil qu'elle avait apportés d'Irlande. J'en masquerai le rayon de soleil qui lui tombe sur la figure et lui brûle la peau. Je prendrai l'épée qui les sépare et qui fit autrefois sauter la tête du Morholt. »

Le roi a ôté ses gants en regardant le couple endormi ; il les dispose avec soin de façon à protéger Yseut du rayon de soleil qui la frappe. L'anneau brille au doigt de la reine. Marc le fait glisser tout doucement sans faire bouger le doigt. Naguère, Yseut avait eu du mal à passer la bague. À présent sa main est si grêle que l'anneau glisse sans difficulté. Le roi le prend facilement. Il remplace délicatement l'épée qui sépare les amants par la sienne, sort de la hutte et saute à cheval. Il dit au forestier de filer, qu'il fasse demi-tour et disparaisse. Quant à lui, il s'en va, laissant les amants dormir.

(v. 1981-2055)

COMMENTAIRE DE TEXTE

Le drame évité ou l'aveuglement du roi

"Le roi délace…laissant les amants dormir" (l. 435 à 475).

I. Une scène dramatique

1. *Quels sont les éléments de la scène qui peuvent faire croire à la volonté de meurtre de Marc ?*
2. *Relevez les marques de l'hésitation du roi. Comment créent-elles le suspens ?*
3. *Quelles sont les marques pathétiques de la souffrance des trois personnages de cette scène ?*

II. Un personnage aveuglé par sa propre passion

1. *Quels sont les "signes" qui aveuglent Marc dès l'abord ? Comment les interprète-t-il ?*
2. *Quels arguments Marc se donne-t-il à lui-même ? Appréciez-en l'ordre et la qualité.*
3. *Commentez les fonctions respectives de la narration et du monologue dans cette scène.*

III. Un monde de signes ambigus

1. *Quels sont les objets-signes essentiels de ce passage ?*
2. *Quelle est leur valeur symbolique ?*
3. *Formulez la double interprétation que l'on peut donner de leur présence.*

Le "mantel" du roi Marc

La civilisation médiévale accorde aux gestes la plus grande signification et la plus grande importance. Par ses gestes le corps parle et l'homme s'engage, plus solidement souvent que par l'écrit, l'hommage vassalique ou l'adoubement le prouvent amplement. Certains gestes apparemment plus quotidiens sont pourtant particulièrement codifiés.

Ainsi, dans son *Glossaire des Continuations de Perceval*, Lucien Foulet détaille les gestes qui concernent le port du manteau.

Vêtement toujours luxueux et cérémoniel, il est porté comme manifestation du rang et de la richesse. On fournit aux hôtes qu'on veut honorer un manteau qu'ils portent dans la grand' salle et jusqu'à table. Mais il reste une parure de loisir, et, dès qu'on a une mission à assurer, un devoir à remplir, on l'enlève : le messager quand il arrive et communique son message, le sénéchal qui surveille l'ordonnancement du repas, le retirent. Et bien sûr, celui qui s'apprête au combat, qui veut solennellement jeter un défi ou annoncer son intention d'attaquer, se débarrasse de son manteau.

Ce que fait ici Marc. Et il faut bien comprendre son geste non comme une simple commodité physique, mais comme un défi, un avertissement.

L'émotion peut faire jeter le précieux manteau et ce sera le cas pour Yseut accourant auprès de Tristan à l'agonie dans le dénouement du roman de Thomas.

Enfin, la peine et l'angoisse sont encore manifestées grâce au manteau dont on rabat le capuchon sur son visage en signe de deuil.

Le roi Marc en son château, miniature du XVe siècle.

Yseut fait un rêve : deux lions veulent la dévorer. Elle s'éveille en sursaut et réveille Tristan. Les deux amants découvrent alors les signes du passage de Marc. Les interprétant à tort comme autant de menaces, ils décident de fuir, toujours plus loin.

Avec ce qui vient de se passer, Tristan et Yseut craignent le pire. Ils sortent du Morois et fuient. Poussés par la peur ils font de longues étapes en direction du Pays de Galles. L'amour les aura fait terriblement souffrir. Pendant trois ans ils auront connu la misère ; ils sont pâles et amaigris.

Seigneurs, le vin qu'ils burent, vous le savez, est la cause de leurs peines. Mais vous ai-je dit combien de temps devait agir le filtre d'amour, le vin aux herbes magiques ? La mère d'Yseut qui le prépara l'avait voulu efficace trois ans. C'est pour sa fille et pour Marc qu'elle l'avait concocté. Mais un autre en goûta, pour son malheur. Pendant ces trois années le vin eut tant d'emprise sur Tristan et la reine qu'ils ne pouvaient que dire : « Encore ! »

Le lendemain de la Saint-Jean on arrivait au terme des trois ans pendant lesquels le philtre devait être efficace.

Tristan s'est levé, Yseut est restée dans la hutte. Tristan, sachez-le, poursuit un cerf qu'il a blessé d'une flèche dans le flanc. Le cerf s'enfuit. Tristan le poursuit si bien qu'à la tombée de la nuit il est toujours après lui.

Soudain revient précisément l'heure à laquelle il a bu le philtre d'amour. Il s'arrête net, assailli par le regret :

« Ah, Dieu, fait-il, que de tourments ! Voilà trois ans que je souffre sans répit, semaine et jours de fête. J'ai oublié la chevalerie, la vie de cour, les usages de la noblesse. Je suis exilé, je n'ai plus rien, ni vair ni petit gris, je ne vis plus parmi mes pairs. Dieu, mon cher oncle m'aurait tant aimé si je ne lui avais pas manqué si gravement ! Ah, Dieu, tout va si mal pour moi ! En ce moment je devrais être à la cour, avoir cent damoiseaux* avec moi s'entraînant au métier des armes avant de servir sous ma bannière*. J'aurais dû partir en terre étrangère, me proposer comme mercenaire et gagner ma solde*.

Ce qui me pèse surtout, c'est le sort que j'impose à la reine à qui j'offre une hutte en guise de lit encourtiné*. Elle vit dans les bois quand elle pourrait avoir des appartements tendus de soie, des servantes. C'est moi qui l'ai ainsi fourvoyée*. Je supplie Dieu, maître de l'univers, de me donner la force de rendre sa femme à mon oncle. Je jure devant Dieu que je le ferais bien volontiers si c'était possible, afin qu'Yseut soit réconciliée avec le roi Marc qui l'a épousée, hélas, devant maints puissants personnages et selon le rite romain. »

Tristan est appuyé sur son arc. Il ne cesse de regretter le roi Marc, son oncle, à qui il a causé si grand tort en jetant la discorde entre sa femme et lui. Tristan, ce soir-là, se lamente.

Mais écoutez les plaintes d'Yseut qui va répétant :

« Ah, malheureuse, qu'as-tu fait de ta jeunesse ? Tu vis dans les bois comme une quelconque serve*. Où sont tes suivantes ? Je suis reine mais en vain, du fait du philtre nous avons bu en mer. Tout cela c'est la faute de Brangien qui devait veiller sur lui. Hélas, elle l'a bien mal gardé. Mais qu'y pouvait-elle, l'erreur une fois commise ? Les demoiselles des seigneuries, les filles des nobles vavasseurs* devraient m'entourer, vivre à mes côtés, dans

damoiseaux : jeunes gens nobles confiés par leur père à un seigneur pour faire l'apprentissage des armes.

bannière : enseigne du seigneur qui sert de signe de ralliement à la guerre.

solde : paye. Le mot a la même origine que le sou mais aussi que "soldat" = celui qui est payé.

encourtiné : fermé par des tentures.

fourvoyée : détournée du droit chemin.

serve : le servage est la condition juridique inférieure d'une grande partie de la paysannerie soumise à de lourdes charges moralement infâmantes (corvées, restriction de la liberté du mariage, etc.) Il va tendre à disparaître à partir de la fin du XIIe siècle par affranchissements.

vavasseur : vassal de vassal, homme de petite noblesse et de peu de fortune.

29. L'appel aux auditeurs du récit ouvre généralement chez Béroul un nouveau développement. Le thème-clef du passage sera ici le philtre *(l. 481 à 483).*

QUESTIONS

1. *Comment interpréter le songe d'Yseut ?*
2. *Qu'est-ce que leur fuite nous révèle sur la façon dont les deux amants voient le roi Marc ? Qu'est-ce qui justifie leur peur ?*
3. *Que représente la fête de la Saint-Jean dans les traditions populaires ? Commentez le thème du feu et ses échos dans le roman.*
4. *Comment vient à Tristan et Yseut la révélation de leur situation* (l. 495 et 519) *?*
5. *Repérez le champ lexical du social dans le monologue de Tristan* (l. 496 à 514). *Qu'en conclure sur le registre des regrets de Tristan ? Trouve-t-on trace ici d'un remords moral ? Quel est l'ordre contre lequel il a fauté ? Quel est le point commun des fautes dont il s'accuse ?*
6. *Précisez les différentes figures que prend ici la fatalité* (l. 519 à 524) ?
7. *Quels sont exactement, d'après les monologues de Tristan puis d'Yseut, les devoirs d'un grand seigneur et ceux d'une reine ?*
8. *Étudiez la symétrie des deux discours, l'ordre de leurs arguments, leur progression. Quelles différences subsistent entre les deux ?*

de Lidan à Durham : de Cornouailles en Angleterre. Formule hyperbolique qui ne signifie que "partout".

maison : sa "maisnie" = sa suite, l'ensemble de tous ceux qui le servent et qu'il protège directement à sa cour.

mes appartements, pour me servir. Je devrais les doter et les marier. Tristan, mon ami, elle nous a mis dans une triste situation celle qui nous a fait boire le philtre d'amour. On ne pouvait pas faire pire. »

Tristan lui répond :

« Noble reine, nous gâchons notre jeunesse. Belle amie, si je pouvais trouver quelqu'un pour me réconcilier avec le roi, s'il voulait me pardonner et accepter un serment par lequel je jurerais que jamais, ni en actes ni en paroles, je n'ai eu avec vous de relations qui puissent le déshonorer, je vous assure qu'il n'est pas de chevalier de ce royaume, de Lidan à Durham*, qui ose prétendre que je vous aie aimée d'amour coupable, sans me trouver prêt à l'affronter, armé, en champ clos.

Et si le roi voulait bien, une fois que vous vous seriez vous aussi disculpée, me réintégrer dans sa maison*, je le servirais dans l'honneur comme mon oncle et seigneur. Il n'aurait aucun homme d'armes sur ses terres sur qui il puisse davantage compter dans ses guerres. Cependant, s'il préférait vous reprendre et me chasser, je pourrais aller à la cour du roi de Frise ou passer en Bretagne avec le seul Gouvernal. Ma noble reine, où que je sois, je serai toujours votre homme. Je ne choisirais pas la séparation si nous pouvions rester ensemble et n'étaient, très chère, les grandes privations que vous souffrez et que vous avez souffertes dans cette retraite à cause de moi. C'est à cause de moi que vous avez perdu tout droit au nom de reine. Tu vivrais en ce moment, honorée, auprès de ton époux, si l'on ne nous avait pas donné en mer ce vin herbé. Noble et respectable Yseut, dis-moi, qu'allons-nous faire ?

– Seigneur, grâces soient rendues à Jésus-Christ de ce que vous êtes décidé à renoncer au péché. Ami, souvenez-vous de l'ermite Ogrin qui nous prêcha si bien les commandements de l'Écriture lorsque nous sommes allés le voir au fond de ces bois. Très cher ami, que vous désiriez vous repentir, c'est la meilleure nouvelle qui soit. Seigneur, retournons chez lui ; j'en suis certaine, il peut nous donner d'excellents conseils grâce auxquels nous pourrons atteindre au bonheur éternel. »

Tristan à ces mots soupire et dit :

« Très noble reine, retournons à l'ermitage cette nuit-même ou au petit matin. Conseillés par maître Ogrin, nous ferons connaître au roi nos intentions par une simple lettre.

– Ami Tristan, vous avez raison. Puissions-nous supplier tous les deux le roi du ciel qu'il ait pitié de nous, Tristan mon ami. »

Les amants retournent dans les bois et font tant qu'ils parviennent à l'ermitage. Ils trouvent Ogrin en train de lire. Dès qu'il les voit, il les convie à le rejoindre et tous trois vont s'asseoir dans la chapelle.

« Pauvres exilés, quelles souffrances vous impose l'amour qui vous meut. Combien de temps encore durera votre folie ? Voilà trop longtemps que vous menez cette vie, repentez-vous enfin ! »

Tristan lui dit :

« Si nous avons ainsi vécu si longtemps, c'est que c'était notre destin. Voilà bien trois ans que nous souffrons sans relâche.

30. Pour comprendre ce passage *(l. 531 à 538)*, il faut admettre que l'amour de Tristan et Yseut ayant changé de nature, il est devenu à leurs yeux acceptable. Ils sont innocents d'un crime imposé par une fatalité extérieure.

31. Tristan emploie ici le vocabulaire féodal qui est aussi celui de l'amant courtois face à sa dame *(l. 545 et 546)*.

QUESTIONS

1. *Que révèle cette apostrophe* (l. 531) *?*
2. *Où a-t-il déjà été question d'un départ de ce genre pour Tristan* (l. 543 à 545) *? Quels sont les points communs des épisodes qui évoquent cette possibilité ?*
3. *En quoi les conditions de la deuxième visite à Ogrin sont-elles essentiellement différentes de celles de la première visite ?*
4. *Le vocabulaire et le ton d'Yseut sont très différents de ceux de Tristan. En quoi ? Commentez.*
5. *Que peut suggérer la posture, l'occupation d'Ogrin* (l. 570) *?*
6. *Quel peut être le sens de ce choix* (l. 572). *?*
7. *En quoi le langage d'Ogrin et celui de Tristan sont-ils radicalement différents ? À quels mondes renvoient-ils ?*

S'il y avait un moyen de réconcilier la reine avec le roi, je ne chercherais pas à le servir un jour de plus : je m'en irais avant la fin du mois en Bretagne ou en Loonois. Maintenant, si mon oncle veut de moi à sa cour, je suis son homme et je ferai mon devoir. Seigneur, mon oncle est un roi puissant [...] Pour Dieu, seigneur, donnez-nous le meilleur conseil que vous pourrez sur ce que vous venez d'entendre et nous le suivrons. »

Seigneurs, écoutez ce que fait la reine : elle se prosterne aux pieds de l'ermite, le suppliant de tout son cœur de les réconcilier avec le roi, et dit :

« Non, jamais plus je ne me laisserai aller à un amour coupable. Je ne dis pas, comprenez-moi bien, que je me repente en ce qui concerne Tristan et que je n'éprouve pas pour lui une tendre amitié, sans rien de déshonorant, mais je renonce à tout commerce charnel avec lui. »

L'ermite, entendant cela, verse des larmes et bénit Dieu.

« Ah, Dieu, Seigneur tout-puissant ! Je vous rends grâce de tout mon cœur de m'avoir laissé vivre assez vieux pour entendre ces deux pécheurs me demander conseil. Puissé-je vous en témoigner encore longtemps ma reconnaissance.

Amis, je vous le jure sur ma foi et sur la sainte religion : je vais vous conseiller au mieux. »

(v. 2126-2340)

L'ermite Ogrin écrit à Marc une lettre qui résume les événements et présente les faits de manière à disculper les amants. Tristan la dépose au palais et retourne au plus vite dans la forêt du Morois. Marc convoque son conseil et fait lire le message par son chapelain.

Le chapelain se lève, déplie la missive de ses deux mains et se plante face au roi.

« Écoutez bien, prêtez-moi toute votre attention. D'abord, Tristan, le neveu de notre seigneur, adresse salut et affection au roi et à tous ses barons. Il écrit :

« Sire, tu te souviens des circonstances de ton mariage avec la fille du roi d'Irlande. J'ai traversé la mer jusqu'à ce pays et j'ai conquis la jeune fille grâce à ma prouesse car j'ai tué le grand serpent à la crête d'écailles, ce pour quoi elle me fut donnée. Je te l'ai ramenée. Sire, tu l'as prise pour femme devant tous tes chevaliers. Mais vous n'étiez pas unis depuis bien longtemps que des calomniateurs parmi tes sujets t'ont raconté des mensonges.

Je suis tout prêt à relever le gant si quelqu'un veut accuser Yseut, et j'affronterai n'importe lequel de mes pairs, à pied ou à cheval, à armes égales, pour prouver qu'il n'y eut jamais entre la reine et moi d'amour coupable. Si je ne puis la disculper et me faire rendre raison à ta cour, alors fais-moi passer en jugement devant tous tes vassaux rassemblés et je n'en récuserai pas un seul : le moindre de tes barons pourra me condamner et me faire périr.

Souvenez-vous, sire mon oncle, poussé par la colère vous avez voulu nous faire brûler. Mais, Dieu merci, le Tout-puissant a eu pitié de nous et, par chance, la reine en réchappa. Ce fut justice, Dieu m'est témoin, car c'est à tort que vous vouliez la condamner. Moi aussi je m'en suis tiré en sautant de très haut sur les rochers. La reine fut alors, pour son châtiment, livrée aux

32. Il s'agit moins d'un mensonge d'Yseut que de son désir de passer de la passion subie à l'amour courtois qui suppose une certaine distance, une certaine maîtrise des amants *(l. 590 à 594)*.

33. On remarquera le lien nécessairement étroit entre la science de l'écrit et l'Église. Comme si, au-delà des problèmes matériels et réalistes de l'éducation, la chose écrite était ressentie comme assez dangereuse pour devoir être toujours "contrôlée" par l'autorité religieuse *(cf. résumé ci-contre)*.

QUESTIONS

1. *Quelle est la préoccupation principale de Tristan* (l.580 à 586) *?*
2. *Quel est le scandale auquel Ogrin se félicite de mettre fin* (l. 596 à 599) *? Qu'est-ce qui peut le motiver dans la vision catholique du mariage ?*
3. *Pourquoi cette insistance chez Tristan comme dans la lettre d'Ogrin sur ce fait* (l. 611) *?*
4. *Précisez à quelle ruse morale il faut faire appel pour que la formule soit vérité* (l. 616 et 617) *?*

QUESTIONS DE SYNTHÈSE

Les deux visites à l'ermite

Comparez les deux scènes de visite à l'ermite Ogrin.

1. *Circonstances et prises de parole : qui parle ? quel est l'ordre des locuteurs ?*
2. *Discours (ce qui est dit et répondu) : vocabulaire, ton, intentions. Commentez.*

Une rhétorique habile

1. *Dans quelle mesure les arguments développés par Ogrin dans la lettre à Marc reprennent-ils ceux que Tristan avait lui-même avancés dans son monologue ou dans son dialogue avec Yseut. Lesquels sont nouveaux ?*
2. *Faites un schéma précis de l'argumentation développée ici. Quelles en sont les forces et les faiblesses ?*

lépreux, et c'est moi qui l'ai sauvée en l'enlevant. Depuis lors nous sommes en fuite. Je ne pouvais l'abandonner puisqu'à cause de moi elle avait failli mourir. J'ai erré avec elle dans les bois, n'osant pas me montrer en terrain découvert [...] Vous nous auriez fait brûler ou pendre et c'est pourquoi il nous fallait fuir.

Mais, si vous daigniez reprendre Yseut au teint clair, aucun baron de ce pays ne vous servirait mieux que moi. Sinon, si l'on vous conseille de ne pas accepter mon service, je partirai chez le roi de Frise. Je passerai la mer et vous n'entendrez plus parler de moi.

Délibérez, sire, sur ce que vous entendez là. Je suis las de tant de tourments : ou je me réconcilierai avec toi, ou je ramènerai la fille du roi d'Irlande où je l'ai prise et elle régnera sur son pays. »

(v. 2549-2618)

34. C'est la première apparition dans le texte *(l. 633)* de cette technique de qualification analogue à celle qu'employait Homère dans ses épopées.

QUESTION

Quelle menace représente pour Marc le retour d'Yseut en Irlande avec Tristan ?

Rencontre avec l'ermite, miniature du XIVe siècle.

L'ermite dans l'imaginaire du Moyen Âge

L'ermite est un personnage que l'on retrouve fréquemment dans les épopées comme dans les romans du Moyen Âge.
Sans doute cette présence témoigne-t-elle d'abord d'une certaine réalité.
Au temps du premier christianisme, nombreux ont été les moines se retirant "au désert", désert véritable du Moyen-Orient, ou lieu à l'écart des villes de l'Occident, l'"ermitage" étant alors souvent un puissant monastère. Des conditions de sécurité un peu meilleures au XIIe siècle permirent à des religieux estimant la vie en communauté trop facile, de se retirer dans les forêts, dans un isolement presque total et des conditions de vie extrêmes, relançant ainsi une nouvelle spiritualité.
L'imaginaire médiéval s'est très vite emparé du personnage de l'ermite. Dans la chanson de geste, la forêt est le refuge où se retire du monde une aristocratie guerrière désireuse de faire son salut dans une hautaine solitude et d'affronter l'épreuve spirituelle, rachat héroïque d'une vie de violence.
Le roman courtois fait plutôt de l'ermite un sage et un intermédiaire. Il abrite les chevaliers errants, confesse, bénit, soigne et guérit, et comme Ogrin, conseille jusqu'aux rois. Au XIIIe siècle, dans les romans du Graal, les ermites deviennent des personnages essentiels, distribuant sacralité et legitimité.
Les légendes liées au folklore populaire verront plutôt dans l'ermite une figure proche de l'homme sauvage et le feront se ranger aux côtés des hors-la-loi, comme l'atteste la tradition de Robin des bois.

SYNTHÈSE *Vers 3 à 2618*

Symboles, signes, messages dans le roman de Béroul

*I. Quelques repères**

1. Pour épier Tristan et Yseut, Marc s'est caché :
a) derrière une haie ☐
b) derrière le mur du verger ☐
c) dans un arbre ☐

2. Tristan semble vouloir qu'Yseut intervienne pour lui auprès de Marc ; il demande à Yseut :
a) de le réconcilier avec Marc ☐
b) de lui donner l'argent nécessaire pour "dégager" son équipement de chevalier afin qu'il puisse s'enfuir ☐
c) de convaincre Marc de le laisser partir ☐

3. Frocin, le nain maléfique est :
a) astrologue du roi ☐
b) médecin de la reine ☐
c) sénéchal de la cour ☐

4. Marc prétend envoyer Tristan en mission :
a) auprès du roi Arthur ☐
b) à Carduel ☐
c) auprès du Duc de Bretagne ☐

5. Tristan échappe à ses geôliers :
a) en sautant par la fenêtre de la prison ☐
b) en sautant par la verrière d'une chapelle ☐
c) en volant le cheval de son gardien ☐

6. Marc a d'abord condamné Yseut :
a) à être livrée aux lépreux ☐
b) à être pendue ☐
c) à être brulée vive ☐

7. Les amants en fuite se sont réfugiés :
a) au pays de Galles ☐
b) en Irlande ☐
c) dans une forêt de Cornouailles ☐

8. Marc les surprend et les épargne ; il laisse pour signe de son passage :
a) son anneau ☐
b) son anneau, ses gants et son épée ☐
c) son épée et son chien de chasse ☐

9. Tristan et Yseut vont dire à l'ermite Ogrin leur désir de retourner à la cour de Marc :
a) parce qu'ils sont poussés par un remords d'origine religieuse ☐
b) parce que le philtre n'agissant plus, ils ne désirent plus vivre ensemble ☐
c) parce que le philtre n'agissant plus, ils ont ouvert les yeux sur la faute sociale que représente leur vie dans la forêt ☐

10. Dans sa lettre à Marc, Tristan propose :
a) de se justifier par un duel judiciaire ☐
b) de répondre de sa conduite devant un tribunal de barons ☐
c) de subir le jugement de Dieu par le feu ☐

* Les réponses à ces questions se trouvent p. 64.

II. Un lieu chargé de sens : la forêt

Dans une certaine mesure, l'épisode du Morois pourrait renvoyer au récit de la Genèse qui montre Adam et Eve chassés du Paradis, vivant durement, en nomades, sur une terre inhospitalière.

1. Qu'est-ce qui pourrait représenter dans le récit ainsi interprété le péché originel ?

2. Relevez les détails qui montrent que la vie de Tristan et Yseut est, au Morois, primitive, marquée par la mort (physique ou spirituelle). Qu'est-ce qui fait de la vie au Morois le contraire de la vie de cour à laquelle sont habitués les héros ?
Cependant la forêt a aussi un rôle positif à ce moment du récit. Les personnages y apprennent beaucoup sur eux-mêmes et sur leur relation.

3. Cherchez dans d'autres romans du Moyen Âge comme *Lancelot* ou *le Conte du Graal* par exemple, quel rôle joue la forêt.

III. Le message du roi

Marc laisse aux amants un message.

1. En quoi et comment le message est-il adapté aux deux destinataires spécifiquement ?

2. Précisez en quoi l'épée, l'anneau, les gants sont dans le monde féodal des objets symboliques. En quoi sont-ils aussi des objets chargés d'affectivité ?

3. Dans quelle mesure le rêve d'Yseut est-il à son tour "lisible" comme un message et en quoi ce message est-il lui aussi ambigu ?

IV. Le "bref" d'Ogrin : un message écrit

1. Remarquez le rapport des personnages avec l'écrit.
Qui est l'auteur de cette lettre, qui la rédige, à qui est-elle destinée ? Qui la lit ? Comment ?
La disposition du bref révèle ce qu'est la rhétorique du XIIe siècle en ce qui concerne l'art épistolaire. Cet art était enseigné dans des centres dont certains, comme Bologne et Orléans, étaient particulièrement réputés.
L'épître devait être séparée en cinq parties ordonnées : après la salutation, l'exorde, sorte d'introduction générale, puis la narration et la requête alternaient. Enfin venait une conclusion.

2. Retrouvez dans le bref d'Ogrin lu à Marc ces différents moments.

Tables de la loi : c'est-à-dire depuis Moïse, donc depuis des temps immémoriaux.

Mont-Saint-Michel : il s'agit du Mont-Saint-Michel de Cornouailles dans la baie la plus proche du cap de Land's end. Ses marchés étaient célèbres.

pourpre : rouge vif obtenu par le traitement d'un mollusque, utilisé déjà par les Phéniciens et les Romains. Les tissus ainsi teintés étaient signes de richesse et de haut rang social.

écarlate : drap de couleur éclatante, souvent à motifs. Le mot est d'origine orientale. En bas-latin il désigne des tissus bleus puis, au Moyen-Orient, n'importe quelle étoffe riche ; enfin, après le XIIe siècle, un tissu teint en rouge par un produit à base de cochenille.

l'amble : il se déplace en levant en même temps les deux jambes du même côté. C'est une allure douce, favorable à l'équitation féminine du temps.

Le conseil, unanime, pousse Marc à reprendre Yseut et à inviter Tristan à se rendre en terre étrangère un ou deux ans, à titre d'épreuve. Les amants quoique convaincus de la nécessité de cette séparation la ressentent douloureusement.

Yseut soupire profondément et dit :

« Tristan, écoute un peu ; laisse-moi Husdent, ton chien braque. Jamais chien de chasse n'aura été si bien traité que celui-ci le sera, cher ami. Il me semble qu'en le voyant je me souviendrai de vous. Si triste que puisse être mon cœur, je serai heureuse en le regardant. Jamais depuis que nous avons reçu les Tables de la Loi*, une bête n'aura été si bien logée, ni couchée en un si beau lit. Tristan, mon ami, j'ai une bague ornée d'un sceau en jaspe vert : seigneur, pour l'amour de moi, prenez-la et mettez-la à votre doigt. Si le désir vous vient de m'envoyer un messager, je ne lui ferai confiance, croyez-moi, que s'il porte cet anneau. Mais s'il le possède, aucun édit royal ne pourra m'empêcher de faire ce qu'il demandera, que ce soit sage ou non, pourvu que notre honneur reste sauf. Je vous le jure sur notre parfait amour. Ami, me donnerez-vous le hardi Husdent au bout de sa laisse ? »

Et Tristan de répondre :

« Mon amie, je vous donne Husdent comme gage de ma tendresse.

– Seigneur, merci. Puisque vous m'offrez le braque, prenez la bague en échange. »

Elle l'ôte de son doigt et la passe à celui de Tristan. Ils échangent un baiser pour confirmer ce don mutuel.

L'ermite se rend au Mont-Saint-Michel* où l'on peut trouver toutes sortes de marchandises. Il y achète du vair et du petit-gris, des draps de soie et des étoffes teintées de pourpre* foncée, de l'écarlate*, des toiles fines et plus blanches que fleur de lys, et un palefroi qui marche l'amble*, tout harnaché d'or luisant. L'ermite d'Ogrin fait tant d'achats, à crédit comme au comptant, il marchande si bien brocarts, hermines et vêtements fourrés qu'il a de quoi vêtir somptueusement la reine.

Le roi fait proclamer dans toute la Cornouailles qu'il se réconcilie avec sa femme.

« C'est au Gué aventureux qu'aura lieu la cérémonie. »

(v. 2694-2748)

Yseut prie Tristan de rester quelques jours dissimulé chez Orri le forestier qui les accueillit autrefois, car elle craint encore l'influence des trois félons sur Marc. Le roi accepterait assez volontiers de reprendre Tristan à son service, mais les barons l'en dissuadent. Dinas, le sénéchal, accompagne le jeune homme jusqu'au port où il est censé embarquer et lui promet de veiller sur Yseut.

À présent les barons chevauchent vers la cité, au petit trot. Tous les habitants de la ville sont venus à leur rencontre. Ils sont plus de quatre mille, hommes, femmes et enfants qui manifestent leur joie tant pour Yseut que pour Tristan. Les cloches sonnent à la volée. Quand ils apprennent que Tristan s'exile, tous s'attristent, mais ils sont heureux de voir Yseut et font tout ce qu'ils peuvent pour lui faire honneur. Ainsi, par exemple, ont-ils tendu toutes les rues de soie. Et ceux qui n'en avaient pas ont mis des tentures. Là où doit passer la reine on a répandu des jonchées.

35. L'expression "parfait amour" traduit le terme de "fin amor" qui apparaît ici pour la première fois dans le texte d'ancien français *(l. 654)*.

36. Le mot "tendresse" *(l. 658)* traduit l'ancien français "druerie" < "dru" = ami. Gage d'amitié. Là encore il s'agit du vocabulaire caractéristique de l'amour courtois.

37. Gestuelle vassalique et courtoise *(l. 662)*.

38. Le vair était une fourrure très employée pour doubler les vêtements ou les border. C'était la peau grise et blanche du ventre d'un écureuil, prisée pour la qualité variée de sa coloration (vair = miroitant). Le petit gris en est une variété meilleur marché *(l. 664)*.

39. Le gué est un endroit chargé de signification dans la littérature médiévale. Lieu de rencontres, il peut être le lieu de l'aventure, du combat ou celui des cérémonies *(l. 673)*.

QUESTIONS

1. *En rapprochant cet échange* (l. 649) *de celui opéré par Marc dans la forêt du Morois, commentez ce don d'Yseut à Tristan.*
2. *Cherchez dans le dialogue des amants les marques de la transformation de leur passion en un sentiment maîtrisé mais profond.*
3. *Quel peut être le sens symbolique de la transformation qu'Ogrin fait subir à Yseut* (l. 664 à 670) *? Commentez le rôle de l'ermite, ici.*
Comment le texte donne-t-il une impression de richesse et de luxe ?
4. *Remarquez les rôles que jouent Orri et Dinas* (cf. résumé ci-contre). *Faites un tableau des adjuvants et des opposants au couple parmi les personnages secondaires et observez les équilibres ainsi manifestés.*
5. *La coutume de mettre en travers des rues ou aux fenêtres des tissus de valeur pour honorer un chef ou un héros, a subi quelques modifications, mais survit cependant. Cherchez sous quelle forme et à quelles occasions.*

Le cortège remonte la chaussée jusqu'à l'église Saint-Samson. La reine avance au milieu des barons. Évêque, clercs, moines et abbé sont sortis à leur rencontre, revêtus de leurs aubes et de leurs chapes*. La reine descend de cheval. Elle porte un vêtement de pourpre indigo*. L'évêque la prend par la main et la conduit dans l'église, droit à l'autel. Le noble Dinas, baron exemplaire, lui apporte une pièce de tissu qui vaut bien cent marcs d'argent : c'est un brocart damassé d'or comme n'en eut jamais comte ni roi. La reine le prend et le dépose généreusement sur l'autel. On en fit depuis une chasuble qui ne sort du trésor de l'église qu'aux fêtes carillonnées ; des témoins disent l'avoir vu encore récemment à Saint-Samson.

Yseut est ensuite sortie de l'église. Le roi, les princes et les comtes l'escortent jusqu'au palais qui domine la ville. Quelles réjouissances ce jour-là ! toutes les portes sont restées ouvertes ; qui voulait entrer recevait à manger, on ne refusa personne. Jusqu'au soir on rendit tous les honneurs à la reine. Jamais depuis les cérémonies de ses noces elle n'avait reçu tant de marques de déférence. Ce même jour, le roi affranchit cent serfs et donna armes et hauberts à vingt damoiseaux qu'il adouba.

(v. 2955-3009)

Tristan s'installe chez Orri. Un mois ne s'est pas écoulé que les trois barons dont on apprend ici les noms : Godoïne, Guénelon et Donoalen, reviennent à la charge. Au cours d'une partie de chasse, ils tentent de convaincre Marc d'obliger Yseut à se disculper par un serment public. Marc refuse de les écouter, malgré leurs menaces renouvelées de se retirer sur leurs terres. Mais Yseut, le voyant troublé, préfère saisir l'occasion d'en finir avec les calomniateurs.

« Sire, par Dieu et tous ses noms, écoute-moi et dis-moi ce que tu en penses.

Qu'est-ce que cela signifie ? Comment se fait-il qu'ils ne me laissent pas en paix un seul instant ? Que Dieu me protège : je ne leur offrirai pas d'autre justification que celle dont je choisirai moi-même les formes.

Si je prêtais un serment à ta cour et devant tous, ils ne mettraient pas trois jours à en exiger un autre. Sire, dans ce pays, je n'ai pas de parents prêts à prendre les armes pour cautionner mes dires. Pourtant cela me serait bien utile. Mais foin de leurs ragots ! S'ils veulent un serment de ma part ou une épreuve judiciaire, je m'y plierai, si pénible en soient les modalités, pourvu qu'on me laisse un délai. Au jour dit, j'aurai fait venir le roi Arthur et sa suite. Car si je me puis disculpée devant ce souverain, nul ne pourra plus me calomnier sans qu'un des témoins de cette procédure se dresse pour me défendre, que ce soit contre un Cornouaillais ou contre un Saxon.

Voilà pourquoi je veux qu'ils soient présents et voient de leurs propres yeux comment je me défends. Car si le roi Arthur est là avec Gauvain son neveu, le plus courtois des chevaliers, Girflet et Keu le sénéchal, le roi a bien cent vassaux qui ne mentiront pas, quoi qu'ils aient entendu, et seront prêts à combattre si l'on dit du mal de moi.

Sire, c'est pourquoi il me faut établir mon bon droit devant eux. Les Cornouaillais sont médisants et prêts à toutes les tricheries. Fixe une date et fais savoir que tu convoques à la Blanche

chape : long manteau de cérémonie sans manches, agrafé par devant.

indigo : l'indigo est une teinture bleue. La pourpre désigne donc ici seulement la richesse du tissu, pas sa couleur.

QUESTIONS

Quels sont les mots et formes grammaticales qui désignent ici la présence du narrateur, l'acte d'énonciation(l. 690 à 694) *?*
Quel est le but de cette intervention du narrateur ?

QUESTIONS DE SYNTHÈSE

Une cérémonie de réconciliation

1. *Le texte fait le rapprochement* (l. 700) *entre cette cérémonie et des cérémonies de noces. Quels en sont les points communs les plus évidents ?*
2. *Commentez la valeur attribuée au tissu de brocart* (l. 690). *À quoi fait-elle écho ?*
3. *Étudiez dans cette scène les manifestations de la joie dans la société médiévale, du moins telles que les représente et les magnifie la littérature.*
4. *Quelle est la vertu commune qui préside à toutes les actions évoquées dans le dernier paragraphe ?*
5. *Montrez comment les trois ordres de la société sont associés à cette cérémonie de réintégration sociale.*
6. *Commentez et expliquez la différence de traitement entre les deux héros à ce moment.*

40. Les noms de deux au moins des félons sont chargés de sens. Godoïne est une déformation de Godevin, personnage saxon à la réputation de traître auprès du public anglo-normand. Guénelon ne peut que renvoyer à Ganelon, félon de la chanson de Roland *(cf. résumé ci-contre).*
41. Les barons reviennent à la charge : l'ordre rétabli est précaire. Tant que le mal existe il ne saurait en être autrement et les amants ne seront jamais en repos *(l. 705 et 706).*
42. Yseut a déjà pesé dans le sens du retour à l'ordre dans l'entrevue avec Ogrin, elle a organisé sa séparation d'avec Tristan et ses limites, elle prend ici l'initiative de "l'escondit", serment public *(l. 710 à 719).* On remarquera la distribution des rôles à ce moment crucial.
43. À la cour d'Arthur on ne posera même pas la question de l'innocence des amants. Deux mondes sont ici affrontés : celui de la courtoisie et le monde non-courtois *(l. 721 à 725).*

Blanche Lande : le lieu existe en Cornouailles sur la rivière Truro, mais la couleur évoquée par son nom la marque aussi comme une sorte d'autre monde où pourra se dire le droit.

Lande* tous tes sujets, pauvres et riches. Ceux qui n'y seront pas, qu'il soit clair que tu confisqueras leurs biens. Ainsi tu seras débarrassé d'eux.

Quant à moi, je suis certaine que le roi Arthur, dès qu'il aura reçu mon message, viendra. Je le connais bien, depuis longtemps. »

Le roi répond :
« Voilà qui est bien parlé. »

(v. 3228-3277)

Yseut envoie Périnis prévenir Tristan : qu'il soit, la veille de la cérémonie judiciaire, au gué du Mal Pas sur la Blanche Lande, déguisé en mendiant lépreux. Le même Périnis se rend à la cour d'Arthur où le roi le reçoit très favorablement. Il se rendra à la Blanche Lande et ses chevaliers ne demandent d'ores et déjà qu'à affronter les barons félons. Le jour dit, Tristan, respectueux des instructions d'Yseut, joue fort bien le mendiant, arrange le rôle à sa manière, au grand plaisir de la foule présente.

Tristan s'est assis au bord du marécage. Il vient de s'y installer quand le roi Marc, hautain et sûr de lui, pousse son cheval droit sur le bourbier. Tristan décide de voir s'il pourra en tirer quelque chose. Il agite bruyamment sa crécelle et crie d'une voix grêle et nasillarde :

« Pour l'amour de Dieu, sire Marc, une petite aumône ! »

Le roi retire son capuchon et lui dit :

« Tiens, frère, couvres-en ta tête ; tu as dû souvent souffrir des intempéries.

– Sire, fait-il, merci, grâce à vous me voilà à l'abri du froid. »

QUESTIONS

1. *Pourquoi la réaction de Marc est-elle différente* (cf. résumé p. 26) *de celle qu'il avait face aux barons au début du roman ?*
2. *Où Yseut a-t-elle déjà évoqué ce thème de l'étrangère sans appui* (l. 711) *?*
3. *Que nous révèle la précaution d'Yseut quant à sa relation à Marc ? Que signifie implicitement le fait d'imposer Arthur à Marc comme caution de son serment* (l. 715 à 733) *?*
4. *Le nom du gué* (cf. résumé ci-contre) *est emprunté à la géographie réelle de la Blanche Lande, mais connaissant la scène qui va s'y dérouler, quel commentaire peut-on en faire ?*
5. *Quelles peuvent être les raisons du choix du déguisement de Tristan ? Raisons matérielles, raisons en relation avec les événements passés, raisons symboliques.*
6. *Pourquoi cette voix* (l. 740) *? (revoir le passage où figurait Yvain le lépreux).*

Adultère et justice au Moyen Âge

Les romans de Tristan et Yseut, loin d'être des images directes de la justice de leur temps, renvoient à une tradition juridique antérieure au XIIe siècle.

Avant la renaissance du droit romain, en effet, l'adultère est cause privée, ne relevant ni de l'Église ni de l'État. Si le mari est l'offensé, il est aussi le juge. Il doit établir publiquement l'adultère et prendre conseil, mais en dernier ressort c'est lui qui décide de la vengeance qu'il prendra de sa femme, vengeance qui peut aller jusqu'à la mise à mort. C'est à l'accusée qu'incombe la charge de faire la preuve de son innocence. Ce sont alors les preuves surnaturelles qu'on considère comme les plus convaincantes.

Le duel judiciaire en est une première figure, celle qui convient le mieux à une aristocratie guerrière. Forme contrôlée de guerre privée, le duel restera en usage jusqu'aux ordonnances de saint Louis. Dans le bref d'Ogrin, Tristan réclame à Marc cette justification par les armes.

Le serment purgatoire est le deuxième recours possible de la femme adultère. Des témoins sont nécessaires et nous voyons ici Yseut faire appel à Arthur.

L'ordalie par le feu peut enfin, dans la loi germanique, remplacer le duel ou le serment. La littérature la met souvent en scène pour son caractère symbolique, la luxure et le feu ayant manifestement à faire ensemble.

Dès le milieu du XIIe siècle, le droit romain s'imposera et on assistera au renouvellement de toutes les procédures juridiques.

Le roi Marc surprend Tristan et la reine Yseut, miniature du XVe siècle.

Il fourre le capuchon sous son manteau, l'entortillant pour mieux l'y dissimuler.

« D'où viens-tu, lépreux ? demande le roi.

– De Carlion, je suis fils de Gallois.

– Depuis combien de temps vis-tu à l'écart du monde ?

– Sire, cela fait trois ans sans mentir. Du temps où j'étais en bonne santé j'avais une amie très courtoise. C'est sa faute si j'ai le visage ainsi boursouflé. C'est elle qui me vaut d'agiter jour et nuit ma crécelle de bois pour étourdir de son bruit ceux à qui je demande l'aumône pour l'amour de Dieu. »

Le roi lui dit :

« Ne me cache rien. Comment ton amie t'a-t-elle ainsi contaminé ?

– Sire, son mari était lépreux. Je prenais mon plaisir avec elle et c'est en la partageant avec lui que j'ai attrapé ce mal. Mais il n'est qu'une seule femme plus belle qu'elle.

– Et qui ?

– La belle Yseut. D'ailleurs elles s'habillent exactement de la même façon. »

À ces mots le roi s'en va en riant. Le roi Arthur qui était en train de jouter* non loin de là s'approche. Il s'amuse bien, lui aussi. Arthur demande où est la reine.

« Sire, elle va arriver, fait Marc, par le bois, avec Andret qui s'est chargé de l'escorter. »

Et chacun de dire :

« Comment va-t-elle traverser le Mal Pas ? Restons ici pour voir. »

Les trois félons, que les feux de l'enfer les dévorent, arrivent devant le gué. Là, ils demandent au lépreux où est le passage où l'on se crotte le moins. Tristan brandit sa béquille et leur indique un endroit bien vaseux :

« Voyez, là, cette tourbière, derrière le bourbier : c'est là qu'est le meilleur passage, j'en ai vu plus d'un l'emprunter. »

jouter : se livrer à des jeux guerriers à cheval, "rompre des lances".

44. Rappelons que le Moyen Âge croit à la transmission sexuelle de la lèpre *(l. 753 à 760).*

QUESTIONS

1. *Quelle raison peut-on voir à ce geste* (l. 747) *?*
2. *Quel est le rôle de cette question* (l. 750) *dans le déroulement du dialogue ?*
3. *Quel élément dramatique de leur situation à trois Tristan rappelle-t-il à Marc à travers son double langage* (l. 751 à 764) *? De quel sens symbolique charge-t-il l'amour du corps d'Yseut ?*
4. *Commentez l'attitude de Marc* (l. 765).

Un personnage mythique : le roi Arthur

Le personnage d'Arthur est attesté d'abord dans une littérature de chroniques comme chef de guerre des Bretons du VIe siècle. La légende arthurienne écrite naît seulement au XIIe siècle avec Geoffroy de Monmouth et son *Histoire des rois de Bretagne* écrite en latin en 1132.

Son adaptation en vers français par Robert Wace dans le *Roman de Brut* aux environs de 1155 aura une influence décisive sur les écrivains occidentaux. Chrétien de Troyes est le premier, dans *Érec et Énide*, à faire d'Arthur le centre de la société chevaleresque et courtoise, et de sa cour le lieu d'où partent toutes les missions civilisatrices.

La légende arthurienne envahit les romans en vers du XIIe siècle et la prose du XIIIe, jusqu'à constituer l'histoire d'un monde doué d'une réalité symbolique extrêmement puissante.

Face à Marc, roi de colère, Arthur prend ici la figure du roi de justice et de miséricorde, sans qu'il y ait véritablement opposition entre ces manifestations de la royauté, la seconde transfigurant et achevant en perfection la première dans une sorte de représentation décalée du jugement dernier.

Illustration du Roman des Chevaliers de la Table Ronde, *gravure du XVe siècle.*

aube : planchette reliant les arçons de la selle. La boue monte donc très haut.

Les félons entrent dans la boue à l'endroit indiqué par le lépreux. De la boue, il y en a ! Tous trois s'y enfoncent jusqu'à l'aube* de leur selle. Le lépreux sur la butte leur crie :

« Piquez des deux si vous voulez sortir de là ! Allez-y, seigneurs ! Et, par le saint apôtre, faites-moi la charité ! »

Les chevaux s'enlisent. Les félons sont pris de panique, ne trouvant ni la rive ni le fond. Ceux qui joutent sur les hauteurs accourent en toute hâte. Écoutez le lépreux comme il ment !

« Seigneurs, dit-il aux barons, cramponnez-vous à vos arçons ! Maudite boue où l'on s'enfonce ! Retirez vos manteaux et traversez le marais à la nage. Je vous assure que j'en ai vu d'autres passer là aujourd'hui ! »

Il fallait voir le lépreux cogner sur son hanap ! Il secoue son gobelet, en frappe le haut avec la courroie et de l'autre main agite sa crécelle.

Mais voici Yseut la belle. Elle voit ses ennemis qui barbotent dans la vase et son ami sur la butte. Toute heureuse, riant et s'amusant, elle met pied à terre sur la berge. En face les rois et leur suite regardent les félons enlisés qui s'agitent en tous sens. Et le lépreux les presse :

« Seigneurs, voici la reine qui vient pour présenter sa défense. Venez assister au jugement ! »

(v. 3740-3837)

Dinas, qui accompagne Yseut, reconnaît Tristan et il s'enchante, lui aussi, du bon tour joué aux trois félons. Yseut se présente devant le gué.

La reine porte des vêtements de soie venus de Bagdad et fourrés de blanche hermine. Manteau comme robe ont une traîne. Ses cheveux tombent sur ses épaules, tressés de rubans d'or pur. Un cercle d'or lui ceint toute la tête. Son teint est frais, rose et blanc. Elle s'avance vers la passerelle.

« C'est à toi que je veux avoir affaire.

– Noble et généreuse reine, j'arrive, mais je ne sais pas ce que tu peux me vouloir.

– Je ne veux pas salir mes vêtements : tu vas me servir d'âne et me faire franchir bien gentiment cette passerelle.

– Eh, noble reine, ne me demandez pas une chose pareille : je suis lépreux, faible et bossu.

– Allons, fait-elle, dépêche-toi. As-tu peur que je n'attrape ta maladie ? Aucun risque !

– Ah, Dieu, dit-il, qu'est-ce qui m'arrive ? En tout cas c'est un plaisir de parler à la reine. »

Il avance en s'appuyant sur sa béquille.

« Allons, lépreux, tu es solide ! Tourne-toi de ce côté, penche-toi. Je monterai à califourchon sur ton dos. »

Alors l'infirme sourit, lui présente son dos et elle monte. Tous les regardent, rois et comtes. Les jambes d'Yseut prennent appui sur la béquille, le lépreux lève un pied, pose l'autre, fait comme s'il allait tomber, prend des airs de martyr. Yseut la belle est à cheval sur son dos, une jambe ci, une jambe là. Et tous de dire :

« Regardez [...] voyez la reine chevaucher un lépreux boiteux : à peine s'il tient sur la passerelle. Il serre sa béquille contre sa hanche. Allons à sa rencontre à la sortie du marécage. »

QUESTIONS DE SYNTHÈSE

Un comique chargé de sens

1. *Précisez les moyens du comique de Béroul (situation, gestuelle, paroles) dans cette scène* (l. 773 à 793).
2. *Si l'on peut voir dans cette séquence une sorte d'allégorie de la condition humaine mise en scène par Tristan, quelle leçon en tirer et quel rôle peuvent jouer les rois dans cette allégorie ?*
3. *On peut aussi voir dans Tristan une sorte de passeur d'un monde à l'autre. Commentez la scène de ce point de vue.*

QUESTIONS

1. *Quel est l'effet attendu de cette localisation* (l. 801) *?*
2. *Comparez cette apparition d'Yseut* (l. 801 à 805) *à celle qu'elle a faite sur le chemin du bûcher :*
– quels sont les éléments communs aux deux descriptions ? quelle différence y a-t-il dans l'attitude d'Yseut ? qu'est-ce qui la justifie ?
– quel semble être le sentiment du narrateur ? quels sont les éléments de ce portrait d'Yseut qui la font ressembler à une fée ?
– quel effet produit le rapprochement de la reine et du lépreux ? que masque exactement leur différence fondamentale ?
3. *Qu'est-ce qui fait la vivacité de la scène ?*
4. *Comparez la réticence du faux lépreux* (l. 811 à 816) *et l'attitude des vrais dans la scène avec Yvain.*

maille : petite monnaie valant un demi-denier. "Ni sou ni maille" : rien pas même la plus petite somme.

Les jeunes gens y courent [...] Le roi Arthur s'y rend, suivi de tous les autres à la file. Le lépreux, tête baissée, gagne la rive de l'autre côté. Yseut se laisse glisser à terre. Le lépreux s'apprête à repartir et quémande auprès d'Yseut sa pitance pour ce jour. Arthur dit à la reine :

« Il l'a bien mérité, reine, donnez-lui quelque chose. »

Yseut la belle dit au roi :

« Avec tout le respect que je vous dois, ce gueux est robuste, il a ce qu'il lui faut et ne mangera pas aujourd'hui toutes ses réserves. J'ai tâté sa ceinture sous son manteau, sire, sa gibecière n'est pas plate. J'ai bien senti dans son sac le demi-pain, les miches et les quartiers de viande. Il a de quoi manger et il est bien vêtu. De vos guêtres, s'il veut les vendre, il tirera bien cinq sous sterling. Avec le capuchon de mon époux, il peut s'acheter quelques brebis et se faire berger, ou un âne pour faire du transport d'engrais. C'est un vaurien, à mon avis. Il a bien gagné sa journée et s'est trouvé un public à sa mesure. Il n'obtiendra rien de moi, ni sou ni maille*. »

Les rois s'amusent beaucoup.

(v. 3903-3981)

Tristan et Gouvernal, masqués et habillés de noir, participent anonymement à un tournoi contre les chevaliers de la Table Ronde, remportant plusieurs victoires avant de se fondre dans la nuit. Le lendemain c'est la cérémonie du serment devant l'assemblée riche et nombreuse et les reliques les plus sacrées.

Arthur qui était placé tout à côté d'Yseut prend la parole :

« Écoutez-moi, Yseut la belle, voici ce qu'on attend de vous : vous devez déclarer que Tristan n'éprouva jamais pour vous d'amour honteux ou coupable, qu'il ne vous a chérie que pour l'amour de son oncle, parce que vous étiez la femme de ce dernier.

– Seigneur, fait-elle, grâce à Dieu, je vois ici de saintes reliques. Écoutez bien mon serment, ce que je vais jurer au roi : Avec l'aide de saint Hilaire, sur ces reliques, sur ce sanctuaire, sur toutes les reliques qui existent de par le monde, je jure que jamais homme n'est entré entre mes cuisses, hormis le lépreux qui fit pour moi la bête de somme sur ce gué et le roi Marc, mon époux. Seuls ces deux hommes sont exclus de mon serment. Pour ces deux-là, je ne puis rien nier : je parle du lépreux et du roi Marc. Le lépreux a bien été entre mes jambes [...] Maintenant, si l'on veut que j'en fasse plus, je suis prête. »

Aucun de ceux qui l'ont entendu jurer ne peut en supporter davantage.

« Dieu, dit chacun, quelle assurance dans son serment ! Comme elle s'est bien justifiée ! Elle a été bien plus précise que ne le demandaient les félons. Elle n'a rien de plus à prouver que ce que vous avez entendu, grands et petits, à propos du roi et de son neveu. Elle a juré qu'entre ses cuisses nul n'entra que le lépreux qui l'a portée par-delà le gué et le roi Marc, son époux. Maudit qui mettra sa parole en doute ! »

Le roi Arthur se lève et s'adresse au roi Marc de façon à ce que les barons l'entendent bien :

« Sire, nous avons assisté au serment ; nous l'avons bien entendu. Maintenant, que les trois félons, Denoalain, Guénelon et le vil Godoïne retiennent leur langue ! Tant qu'ils seront en ce

45. Cette apparition anonyme et obscure de Tristan dans un tournoi fait de lui une sorte de "chevalier faé" = appartenant au monde de la magie et du merveilleux. Il retrouve donc sa noblesse, passant sans transition de l'état de lépreux à celui d'un vengeur d'essence supérieure *(cf. résumé ci-contre).*

46. On pourrait demander à Yseut de subir l'ordalie, l'épreuve du fer rouge, pour appuyer son serment *(l. 862 et 863).*

QUESTIONS

1. *Quels sont les termes et images équivoques de ce passage* (l. 836 à 846) *? Qu'est-ce qui fait le caractère à la fois réjouissant et scandaleux de la scène pour l'auditoire du roman ?*
2. *Relevez tout ce qui fait la solennité de la scène du serment* (l. 848 à 880). *Comparez ce jugement à celui de Marc qui condamnait les amants à mort et montrez les différences entre les deux scènes.*
3. *Précisez le décalage entre le serment d'Yseut et celui que lui demandait Arthur. Pourquoi cette insistance du narrateur à faire répéter à Yseut et à la foule les termes équivoques du serment ?*
4. *Qu'ajoute l'assentiment d'Arthur* (l. 875 à 879) *à celui déjà exprimé par le peuple ?*

émerillon : nom usuel d'un petit faucon employé à la chasse.

pays, que ce soit guerre ou paix, si j'entends dire du mal de la reine Yseut la belle, je viendrai à bride abattue soutenir sa cause. »

« Sire, dit la reine, je vous remercie. »

Les trois félons sont désormais haïs de la cour.

(v. 4189-4248)

La vie reprend son cours. Tristan n'est pas pressé de partir en exil, les félons surveillent toujours le couple. Un espion leur dénonce un rendez-vous qu'Yseut a donné à Tristan dans sa chambre, en l'absence de Marc. Se rendant à ce rendez-vous, Tristan rencontre Denoalain qui chasse le sanglier. Il le tue et lui coupe les tresses pour les montrer à la reine. Pendant ce temps, Godoïne s'est mis à l'affût derrière une fenêtre de la chambre d'Yseut.

Godoïne a couru et est arrivé avant Tristan. Il a percé la tenture et voit la chambre bien jonchée et tout ce qu'elle contient. Il n'y a d'homme présent que Périnis. Brangien la suivante entre : elle vient de peigner la belle Yseut et a encore le peigne en main. Le félon, appuyé contre le mur, la regarde et voit entrer Tristan qui tient d'une main un arc d'aubier et deux flèches, de l'autre deux longues tresses de cheveux. Tristan ôte son manteau et laisse ainsi voir sa svelte silhouette. La belle Yseut aux blonds cheveux se lève pour le saluer. Ce faisant, elle voit se détacher sur la fenêtre l'ombre de Godoïne. Elle garde son sang-froid mais la colère lui fait venir la sueur au front. Tristan s'adresse à Yseut :

« Que Dieu me garde ! Voici les tresses de Denoalain. Je t'ai vengée de lui. Jamais plus il n'achètera ni ne marchandera lance ni bouclier.

– Sire, fait-elle, qu'importe ? Mais je vous en prie, tendez votre arc, que nous voyions comment il se bande. »

Tristan, interdit, réfléchit un instant. Écoutez ! Il se pose des questions, se fait une idée et bande son arc. Il demande des nouvelles du roi Marc. Yseut lui en donne [...] Si (Godoïne) peut rester en vie, il fera renaître une guerre inexpiable entre Marc et son épouse Yseut. Tristan, que Dieu l'assiste, l'empêchera de sortir de là. Yseut n'a pas le cœur de plaisanter.

« Ami, encoche une flèche et veille à ce que la corde soit bien tendue. Je vois quelque chose qui me déplaît. Tristan, bande ton arc. »

Tristan reste immobile, il réfléchit. Il se doute bien qu'elle a vu quelque chose qui l'inquiète. Il lève ses yeux, prend peur et tremble : à contrejour, à travers la tenture, il a vu la tête de Godoïne.

« Ah, Dieu, vrai roi, j'ai déjà réussi quelques beaux coups avec mon arc. Faites que je ne manque pas celui-ci ! C'est un des trois félons de Cornouailles que je vois là, toujours malfaisant. Dieu qui t'es offert pour nous en sacrifice, fais que je puisse me venger de tous les torts que m'ont causés ces félons ! »

Il se tourne vers le mur, vise bien, tire. La flèche va comme la foudre, Godoïne ne peut l'éviter. Elle lui entre dans l'œil, lui perce le crâne et la cervelle. L'émerillon* et l'hirondelle volent deux fois moins vite. La flèche n'aurait pas traversé plus facilement une pomme blette. Godoïne tombe, heurte un pilier et ne remue plus ni bras ni jambe. Il n'a pas le temps de dire :

« Je suis blessé ! Dieu, confession ! »

(v. 4411-4485)

47. On revient à la brutalité du monde anti-courtois, au plus près de la légende celte *(cf. résumé ci-contre).*

48. Mourir sans confession, pour l'homme du Moyen Âge, c'est l'assurance de la damnation. Cette précision souligne encore la violence de la scène *(l. 921 et 922).*

QUESTIONS

1. *Que peut signifier ce retour de la situation première* (cf. résumé ci-contre) *?*
2. *Qu'est-ce qui fait de Tristan un "chasseur sauvage"* (l. 887 et 888) *? À quel épisode du roman nous renvoie cette apparition ?*
3. *Que peut faire attendre ce geste* (l. 888) *?*
4. *Que peut-on penser de la prière de Tristan ici et du rapport du personnage avec la foi chrétienne ? D'une manière générale revenez sur l'ensemble du roman de Béroul et dites ce qu'on peut penser du rôle qui y est assigné à Dieu et à la religion.*

QUESTIONS DE SYNTHÈSE

Structure de la scène

1. *Commentez la composition de cette scène.*
2. *Étudiez-en le rythme, les ralentis et les accélérations.*
3. *Commentez l'usage de l'arc par Tristan pour la suppression de Godoïne.*

SYNTHÈSE *Vers 2694 à fin*

Mensonge et vérité dans le roman de Béroul

*I. Quelques repères**

1. Pour adoucir leur séparation, les amants échangent des gages. Tristan donne à Yseut :
a) son chien braque, Husdent ☒
b) son anneau ☒
c) ses gants de "petit vair" ☐

2. Tristan sur les ordres d'Yseut, se présente au Mal Pas déguisé :
a) en serf ☐ b) en lépreux ☒ c) en valet d'armes ☐

3. Les témoins convoqués par Yseut à la cérémonie de "l'escondit" sont :
a) ses plus proches parents venus d'Irlande ☐
b) la cour du Duc de Bretagne ☐
c) les chevaliers de la cour du roi Arthur et le roi lui-même ☒

4. La reine pour la cérémonie est vêtue :
a) en haillons et de vêtements déchirés ☐
b) de soie et de fourrure ☒
c) d'une robe d'or fin ☐

5. Le baron félon Godoïne est tué :
a) par Gouvernal, d'un coup de gourdin ☐
b) par Tristan, d'un coup d'épée ☐
c) par Tristan, d'une flèche ☒

II. L'ambiguité omniprésente

Les signes, gestes ou traces écrites, sont le plus souvent trompeurs. Chacun les lit comme il peut, comme il veut. On ne saurait se fier davantage aux paroles. Le roman est traversé de serments ambigus, de discours à double sens. Là se trouve pour le monde féodal qui repose entièrement sur la parole échangée d'homme à homme, le pire des désordres.

1. Les discours des barons, tout au long du roman, relèvent-ils du mensonge ou de la vérité ? Et les monologues des amants au Morois le jour de la Saint-Jean ?

2. Dans quelle mesure le message contenu dans le bref d'Ogrin disait-il la vérité ?

3. Quel est le premier serment ambigu d'Yseut ?

III. Vérité et mensonge au Mal Pas

1. Relevez dans les propos de Tristan ce qui est pure vérité au premier degré.

2. *"Son mari était lépreux"*. De quel genre de mensonge, de lèpre morale, Tristan accuse-t-il indirectement Marc ?

3. Métaphoriquement, toute la scène peut être lue comme une "épreuve de vérité" passée par tous les personnages qui y figurent. Proposez une interprétation en ce sens.

4. Quel procédé, qui met en jeu les mêmes thèmes de vérité / mensonge, peut-on retrouver dans les *Folies Tristan* ?

5. Observez avec attention le serment d'Yseut. Montrez par quels termes il révèle en fait à tous la vérité sur ses amours.

IV. Dieu et la vérité dans le roman de Béroul

1. Cherchez dans tout le roman les traces d'une aide de Dieu aux amants. Comment expliquez-vous cet apparent encouragement à l'adultère ?

2. Dans les interventions du narrateur, relevez ce qui traduit sa propre position quant à la culpabilité des héros.

V. La vérité de la passion

Si les signes, les gestes et les paroles trompent dans le roman de Béroul, il reste une vérité de la passion entre les deux amants.

1. Quels sont les signes de cette passion avant et après le Morois. Commentez les permanences et les différences.

2. Une violence crue marque assez souvent le texte de Béroul, elle est peut-être aussi une forme d'aveu, de manifestation de la force irrépressible de la passion. Relevez les marques de cette violence dans le texte.

Tristan devant la reine Yseut en Cornouailles, miniature du XVe siècle.

* Les réponses à ces questions se trouvent p. 64.

Le *Tristan* de Thomas

Dans un premier fragment conservé du roman de Thomas, on voit Tristan et Yseut dormir ensemble dans le verger de Tintagel. Marc, guidé par un nain maléfique, les surprend. Le roi s'éloigne pour aller chercher des témoins et, pendant ce temps, Tristan s'éveille. Il comprend la situation et décide de s'exiler sur-le-champ pour ôter au roi toute possibilité de prouver quoi que ce soit contre Yseut. Les amants se lamentent de cette séparation et Yseut donne à Tristan un anneau. Le fragment suivant commence avec un monologue de Tristan, exilé en Petite Bretagne. Il s'interroge sur la fidélité d'Yseut, la force comparée des sentiments de la reine et des siens propres.*

« Comment donc pourrait-elle me quitter ? Moi, je ne pourrais pas la tromper. Et je sais bien que si elle voulait m'abandonner, mon cœur le saurait aussitôt.

Mais qu'elle m'ait trahi ou non, je souffre bien cruellement de cette séparation. Je sens bien, tout au fond de moi, qu'elle m'aime peu ou qu'elle ne m'aime plus. Si ce n'était pas le cas, elle trouverait bien un moyen de me consoler.

– Elle, et de quoi ? – De cette douleur.

– Et où me trouverait-elle ? – Là où je suis.

– Mais elle ne sait plus où je suis. – Non ? Alors qu'elle me fasse chercher.

– Pour quoi faire ? – Pour alléger ma souffrance.

– Quand bien même elle le voudrait, elle n'oserait pas : elle craint son époux.

– À quoi bon, alors ? Il n'y a donc rien à faire. Qu'elle aime son époux, qu'elle n'aime que lui ! Je ne lui demande pas de se souvenir de moi ! Je ne la blâme pas de m'oublier. Rien ne la pousse à languir pour moi, ni sa grande beauté, ni sa nature : puisque Marc comble ses désirs, elle n'a pas besoin d'un autre homme. Elle est si heureuse avec le roi qu'elle ne peut qu'oublier mon amour. Elle a tant de plaisir avec son époux qu'il est bien naturel qu'elle oublie son ami. »

(Manuscrit Snyed I, v. 78-107)

Au service du duc Hoël de Carhaix, Tristan s'est lié d'amitié avec le fils de ce dernier, Kaherdin, et il est tenté d'épouser la fille d'Hoël, Yseut aux blanches mains. Ainsi, dans ce monologue, se persuadant de l'infidélité d'Yseut la blonde, trouve-t-il mille mauvaises raisons pour un mariage à la fois de vengeance et de substitution.*

Plein de douleur et de peine, Tristan cherche donc comment se venger. Il paiera cher ce désir qui va redoubler son tourment. Il veut se délivrer de sa souffrance et ne fait que l'exaspérer. Puisqu'il ne peut obtenir ce qu'il veut, il pense tirer de sa vengeance un certain plaisir.

C'est le nom et la beauté de la reine que Tristan retrouve dans la jeune fille. Il ne la prendrait pas pour son seul nom ; il ne la prendrait pas non plus pour sa seule beauté si elle ne s'appelait pas Yseut. Si elle ne portait pas le nom d'Yseut, Tristan ne pourrait pas l'aimer. Si cette Yseut n'était pas belle, il ne l'aimerait pas non plus. C'est pour son nom et sa beauté que Tristan

Petite Bretagne : c'est la Bretagne armoricaine, toujours nommée ainsi par rapport à la Bretagne que nous appelons "grande".

Carhaix : la légende veut s'enraciner dans le réel en situant la résidence de Tristan dans une ville importante du centre de la Bretagne.

1. On retrouve le lieu de la courtoisie par excellence : le verger, lieu clos protégé et intime, propice à l'amour *(cf. résumé ci-contre)*.
2. On retrouve aussi le nain félon sans qu'on puisse dire s'il s'agit toujours de Frocin.
3. Le manuscrit de Thomas est très fragmentaire, rappelons-le. L'exil que cet auteur nous décrit est définitif, ce qui imprime au texte un sens bien différent de celui du texte de Béroul.
4. On a là *(l. 30 à 33)* un témoignage de ce qu'on appelle "réalisme" dans la pensée médiévale : le nom et l'objet sont une seule et même chose. Deux femmes portant le même nom sont une ou peuvent passer pour telle.

QUESTIONS

1. *Comment Thomas procède-t-il pour rendre vivant le monologue intérieur du personnage* (l. 1 à 22) *?*
2. *Quel est le sentiment qui anime Tristan ? Est-il acceptable dans la relation courtoise ?*
3. *Dans quel genre littéraire trouve-t-on ce mode d'énonciation ?*

vilénie : attitude du vilain, du non-noble. L'ignominie.

quintaine : jeu guerrier. Le cavalier s'exerçait à frapper de la lance un manequin mobile attaché à un poteau et qui assénait un coup à chaque fois qu'on le manquait.

roseaux : épreuve de lancer.

palestre : exercice de gymnastique.

succombe au désir et qu'il convoite cette jeune fille. Écoutez cette étrange aventure. Comme les êtres humains sont bizarres et incapables de se fixer.

Leur nature est telle qu'ils ne sauraient abandonner leurs mauvaises habitudes, mais ils sont tout à fait capables de renoncer au bien. Le mal devient leur être véritable ; ils sont si rompus à la dissimulation qu'ils ne savent plus ce qu'est la générosité, et pratiquent si bien la vilénie* qu'ils en oublient toute courtoisie. Ils mettent un tel acharnement à faire le mal que celui-ci devient leur vie. Ils ne peuvent plus renoncer au vice et s'y accoutument totalement. Les uns cherchent à commettre le mal, les autres à éviter le bien. Ils s'abandonnent à l'inconstance et se dépouillent de toute vertu pour suivre leurs mauvais penchants.

(Ms. Snyed I, v. 214-255)

Tristan croyait pouvoir renoncer à Yseut et chasser l'amour de son cœur pour épouser l'autre Yseut. Il voulait se délivrer de la première. Mais s'il n'y avait pas eu la première, il n'aurait pas aimé la seconde. C'est pour l'amour d'une Yseut qu'il désire aimer l'autre. Et c'est parce qu'il ne veut pas abandonner la première qu'il recherche la seconde. Car s'il pouvait avoir la reine, jamais il ne ferait la cour à la jeune Yseut.

Il me faut donc dire qu'il n'était poussé ni par l'amour ni par la haine. Car s'il avait éprouvé le parfait amour, jamais il n'aurait porté les yeux sur la jeune fille contre la volonté de son amie. Quant à la haine, il n'en avait pas, puisque c'était par amour pour la reine qu'il s'était épris de la demoiselle.

(Ms. Snyed I, v. 306-325)

Tristan, tombant selon Thomas dans le piège d'un désir immédiat en contradiction avec son désir profond, se décide à demander en mariage Yseut aux blanches mains. Il l'obtient sans difficulté.

La date des noces est arrêtée. Tristan invite tous ses amis et le duc les siens. Tout est prêt. Et il épouse Yseut aux blanches mains. Le chapelain célèbre la messe et la cérémonie se déroule selon les rites de la sainte Église. Ensuite, tous partagent un grand festin suivi de divertissements : quintaine*, joutes, jet de javelot et de roseaux*, palestre*, escrime et concours divers comme on les trouve ordinairement dans ces fêtes et comme les aiment les chevaliers qui vivent dans le siècle.

Le jour s'achève et avec lui les divertissements. On dresse le lit nuptial pour la nuit. On y couche la jeune fille et l'on aide Tristan à ôter son bliaut ajusté, étroit aux poignets.

En retirant à Tristan son bliaut, ses gens font tomber de son doigt la bague qu'Yseut lui a donnée, au verger, lors de leur dernière rencontre. Lorsqu'il aperçoit l'anneau, Tristan devient pensif. Sa réflexion le plonge dans une telle angoisse qu'il ne sait plus que faire.

Il déteste tout à coup un projet si contraire à ses désirs profonds et sa méditation suscite en lui des remords : ce qu'il a fait lui déplaît. Il rentre en lui-même grâce à l'anneau qu'il voit à son doigt et ses pensées le font beaucoup souffrir. Il se souvient du serment fait à son amie, lors de leur séparation dans le verger. Il soupire du fond du cœur et s'interroge :

« Comment ai-je pu faire une chose pareille ? Je ne veux pas de ce mariage ; et pourtant il me va bien falloir coucher avec celle

5. Thomas désire surtout élaborer une théorie de la "fin amor" *(l. 54 à 58)*. C'est le terme qu'il emploie à cet endroit du texte comme très souvent.

QUESTIONS DE SYNTHÈSE

La présence du narrateur

1. *Relevez et commentez les interventions du narrateur* (l. 23 à 58) :
– quel est le ton de Thomas ?
– comment passe-t-il du cas concret de Tristan à une réflexion générale ?
– essayez de cerner la différence entre les interventions de Béroul et celles de Thomas.
2. *Peut-on toujours différencier les propos de Tristan et ceux de Thomas ?*
3. *Montrez la composition du commentaire de Thomas, ses équilibres, ses répétitions, ses chiasmes, ses jeux sur les mots. Relevez en particulier les dénominations respectives de l'épouse de Marc et de la sœur de Kaherdin, comparez-les et commentez.*
4. *Quel jugement porte-t-il sur le désir ?*

QUESTIONS

1. *Quel est le sens et l'importance de cette formule* (l. 62) *?*
2. *Que conclure sur la personnalité de Thomas à partir de sa remarque* (l. 66) *?*
3. *Pourquoi cette précision* (l. 69) *? Quel est le rôle narratif de ce détail ?*

qui est ma femme légitime. C'est avec elle qu'il faut que je couche car je ne puis la délaisser. C'était une folie de mon cœur trop ardent et volage que de demander la jeune fille à ses parents et amis. C'était faire peu de cas de mon Yseut bien-aimée et criminellement trahir tous mes engagements envers elle.

Je vais devoir, hélas, coucher avec cette jeune fille. Je l'ai épousée légitimement aux portes de l'église, aux yeux de tous. Comment la repousser maintenant ? Je suis condamné à faire une sottise dans tous les cas : la quitter serait commettre un grand péché. Mais je ne puis m'unir à elle sans trahir ma parole, car je me suis si bien engagé auprès d'Yseut que je ne saurais appartenir à une autre. Je dois tant à l'autre Yseut que je ne puis me résoudre à m'engager envers celle-ci et je ne veux pas me parjurer, mais pas non plus délaisser mon épouse.

Je manquerais à la parole donnée à Yseut mon amie, si je jouissais d'une autre : si je fais cela, je commettrai une erreur, que dis-je, une faute, et même un crime. Je ne puis ni abandonner mon épouse ni jouir d'elle en partageant sa couche pour mon plus grand plaisir. Car je me suis tant engagé auprès de la reine que je n'ai pas le droit de coucher avec cette jeune fille ; mais je me suis si bien engagé auprès de cette jeune fille que je ne puis plus reculer. Je ne saurais ni tromper Yseut ni délaisser ma femme, ni quitter celle-ci ni coucher avec elle. Si je respecte la promesse que je lui ai faite, je manque à Yseut ; si je garde ma foi à Yseut, je manque à mon épouse. Le devoir me lie à celle-ci mais je me refuse à mal agir envers Yseut.

Je ne sais à laquelle mentir. Car, enfin, il faut bien que je trahisse l'une ou l'autre, voire les deux. Je suis allé si loin avec celle-ci que j'ai déjà trahi Yseut et j'ai tant aimé la reine que j'ai déjà dupé la jeune fille.

Mais la vraie dupe, ici, c'est moi, et c'est pour mon malheur que je les ai connues l'une et l'autre ! »

(Ms. Snyed I, v. 370-471)

Tristan passe du désarroi à la crainte du scandale : s'il n'honore pas sa femme, elle se plaindra à sa parenté et la réputation de Tristan sera perdue. Pourtant, la honte d'avoir trahi la reine l'emporte et le jeune homme décide finalement de ne pas toucher Yseut aux blanches mains, s'imposant cette abstinence comme une pénitence pour avoir transgressé les lois du parfait amour.

Tristan se couche, Yseut l'enlace, lui baise la bouche et le visage ; elle se serre contre lui, soupire profondément et attend de lui ce qu'il se refuse à faire.

Tristan ne veut ni le plaisir ni l'abstinence. La nature réclame ses droits, la raison l'attache à Yseut. L'amour qu'il a pour la reine tue en lui tout désir pour la jeune fille. L'amour maîtrise le désir et vainc la nature. Amour et raison lui imposent leur contrainte et triomphent de ses sens. La grande passion qu'il a pour Yseut l'emporte sur la nature et les exigences d'une sensualité qui ignore la vraie tendresse.

Tristan a bien été tenté de posséder la jeune fille mais il y a renoncé par amour. Il la sait belle et bien faite, il aimerait lui donner du plaisir et souffre de son amour pour l'autre. Car si cet amour n'était pas si fort, il pourrait se livrer à son désir. Pourtant c'est à son véritable amour qu'il obéit. Peines, tourments, hésitations, angoisse : il ressent tout cela et ne sait s'il pourra s'abstenir

6. Curieusement cette même épreuve de chasteté *(cf. résumé ci-contre)* est décrite par la lyrique des troubadours du sud comme une des preuves que l'amant courtois peut donner de son entière soumission à la dame adorée.

QUESTIONS DE SYNTHÈSE

Le dilemme de Tristan

1. *Relevez le vocabulaire de la faute et du crime dans le monologue de Tristan, opposez-lui le vocabulaire du droit, du vrai, du juste.*
2. *Repérez les étapes du raisonnement, montrez son accélération.*
3. *Comment le discours de Tristan sort-il de la structure circulaire dans laquelle il s'est enfermé ?*

QUESTIONS

1. *Quelle est la figure rhétorique représentée par cette opposition de Nature et Raison* (l. 119 à 124) *?*
2. *Relevez les différents couples de termes opposés* (l. 118 à 128) *et observez-en l'alternance et la succession.*

ni comment se comporter : quelle excuse trouver ? Il se sent quelque peu honteux de repousser ce qu'il désire. Cependant il esquive le plaisir et fuit le corps de son épouse pour éviter la volupté.

Il lui dit enfin :

« Ma chère amie, ne prenez pas mal le secret que je vais vous confier et gardez, s'il vous plaît, le silence là-dessus, que nul autre que nous n'en sache rien. Je n'en ai jamais parlé à personne jusqu'ici. Je souffre depuis longtemps, au côté droit, d'une blessure qui me tourmente beaucoup. Ce soir même, de vives douleurs m'ont assailli et me harcèlent tout le corps. J'ai si mal dans la région du foie que je n'ose pas faire l'amour ni aucun effort d'ailleurs : quand je me fatigue, je m'évanouis jusqu'à trois fois de suite et il me faut ensuite rester allongé assez longtemps.

Ne vous vexez pas si je vous néglige. Nous aurons bien d'autres occasions de faire l'amour quand nous le désirerons tous deux.

– J'en suis navrée et plus que de toute blessure au monde. Quant à ce dont vous me parlez je peux et veux bien m'en abstenir. »

Dans sa chambre l'autre Yseut soupire parce que Tristan lui manque. Elle ne peut penser qu'à cela : aimer Tristan. Elle ne veut rien d'autre, n'a pas d'autre désir, pas d'autre espoir : elle a mis en lui tout son amour. Or, elle n'a aucune nouvelle de lui. Elle ne sait pas où il est, dans quel pays, s'il est mort ou s'il vit et elle en souffre énormément. Il y a longtemps qu'elle n'a pas entendu parler de Tristan ; elle ne sait pas qu'il est en Bretagne et le croit encore en Espagne, là où il a tué le géant, le neveu de ce Grand Orgueilleux qui, venu d'Afrique, avait provoqué un à un princes et rois d'un peu partout.

7. Ce personnage *(l. 159)* apparaît dans le *Brut* de Wace qui raconte la conquête civilisatrice d'une Bretagne primitive par Arthur.

QUESTIONS

1. *Commentez l'attitude d'Yseut aux blanches mains* (l. 148 à 150). *Commentez sa part dans l'ensemble de la scène. Qu'est-ce qui intéresse le plus Thomas ?*
2. *On voit à cet endroit* (l. 151) *Thomas inaugurer la technique de l'entrelacement ou alternance des aventures. En quoi est-elle particulièrement adaptée au sujet ici ?*
3. *Quelles sont les trois époques différentes évoquées par cette séquence* (l. 151 à 210) *?*
4. *Par quel artifice la séquence est-elle introduite ?*

Les blessures de Tristan

Tristan donne à sa jeune épouse pour excuse de sa passivité en cette nuit de noces, une blessure de chasse.
Les blessures de Tristan sont un motif récurrent aussi bien chez Béroul que chez Thomas. Blessure fondatrice infligée par le Morholt, qui conduira le héros à s'abandonner à la mer. Blessure due au dragon d'Irlande. Blessure causée par un sanglier, et qui se rouvre lorsque le jeune homme saute du lit d'Yseut au sien, laissant jaillir son sang sur la fleur de farine. Blessure reçue du neveu de l'Orgueilleux. Blessure imaginaire ici. Blessure fatale, enfin, dans le combat pour Tristan le nain.
Comme si le personnage de Tristan était particulièrement associé au motif du sang versé. La plupart de ces blessures sont empoisonnées et l'on peut voir là un symbole de ce que Tristan est un héros "civilisateur", porteur des forces de vie et toujours affronté au Mal.
Seule Yseut peut arracher Tristan à la mort qui sans cesse le menace, elle est celle qui retient et purifie le sang du héros.
Mais les langueurs de Tristan sont aussi des maux d'amour et le philtre, le plus dangereux des poisons qui brûlent son sang. L'amour d'Yseut est une puissance guérisseuse et mortelle à la fois.
La fausse blessure de Tristan doit le dispenser de déflorer sa jeune épouse : elle est un mensonge qui clame une vérité, celle de la béance que seule la reine saurait combler, celle de la ressemblance absolue de l'amour et de la mort.

Le combat contre le dragon d'Irlande, illustration de Robert Engels, 1900.

marches : les frontières.

lai : poème lyrique destiné à être chanté avec accompagnement de harpe.

L'Orgueilleux était téméraire et courageux : il combattait tout le monde et tua ou blessa la plupart de ses adversaires. Il leur arrachait la barbe du menton pour en faire un grand manteau bien ample et traînant jusqu'à terre. Il entendit parler du roi Arthur dont le royaume était puissant et la valeur telle qu'il était encore invaincu. Chaque fois qu'Arthur avait combattu, il l'avait emporté.

Quand le géant apprit la chose, il fit tenir au roi une lettre amicale dans laquelle il parlait de sa pelisse toute neuve où il ne manquait que la bordure et le col et qui était faite avec les barbes des rois, des barons et des princes de tous les pays qu'il avait vaincus et tués en combat singulier. Avec les barbes, il avait fait confectionner un habit tout à fait royal quoiqu'il y manquât encore la bordure. Comme Arthur est le plus puissant des rois, qu'il veuille bien avoir l'amicale attention de se faire raser et de lui envoyer sa barbe, trophée glorieux. Lui-même est prêt à l'honorer en la faisant figurer par-dessus toutes les autres. Puisqu'Arthur règne sur tous les souverains, sa barbe sera glorifiée s'il veut bien la raser pour lui en faire don. Elle trônera sur la pelisse à la bordure et sur le col.

Mais si Arthur ne veut pas la lui faire parvenir de bon gré, il subira le même sort que les autres : on mettra en jeu la pelisse contre la barbe et il y aura combat. Le vainqueur remportera le tout.

En entendant ce message, Arthur sentit monter en lui une terrible colère. Il fit répondre au géant qu'il le combattrait, qu'il ne lui offrirait pas sa barbe car ce serait une coupable lâcheté.

Dès que le géant reçut la réponse du roi, il s'en vint avec arrogance le défier aux marches* même de sa terre. On mit en jeu la barbe et la pelisse et ils s'affrontèrent. Le combat fut d'une extrême violence : toute une journée ils échangèrent de terribles coups. Le lendemain, Arthur l'emporta. Il prit non seulement le manteau de son adversaire, mais aussi sa tête. C'est sa prouesse et sa hardiesse qui lui valurent ce beau succès.

Bien que cet épisode ne concernât pas directement mon histoire, il était nécessaire que je vous le rapporte parce que celui qui voulait maintenant arracher la barbe du roi-empereur d'Espagne, au service duquel se trouvait Tristan avant qu'il ne rentre en Bretagne, était le neveu de cet Orgueilleux.

Il vint exiger la barbe royale qu'on lui refusa. Cependant l'empereur ne trouvait dans son royaume ni parent ni ami pour relever ce défi et le défendre. Il en fut très affligé et se plaignit haut et fort. Tristan, alors, dévoué à son suzerain, accepta d'être son champion et livra à son ennemi un dur combat. L'un et l'autre y souffrirent beaucoup et Tristan fut grièvement blessé, au grand émoi de ses amis, mais le géant fut tué.

Depuis que Tristan avait été ainsi atteint, Yseut n'avait plus entendu parler de lui. L'envie, c'est connu, aime à rapporter les mauvaises nouvelles et à taire les bonnes ; elle cache les actions d'éclat et divulgue de préférence les gestes honteux.

(Ms. Snyed I, v. 590-759)

Un jour la reine se tenait dans sa chambre et chantait un émouvant lai* d'amour qui racontait comment Guiron fut surpris et mis à mort pour avoir aimé par-dessus tout sa dame, comment

8. On remarquera *(l. 195)* que Thomas reconnaît que cette séquence introduit un élément étranger dans son roman.

QUESTION

Quels sont les traits du récit (l. 195 à 206) *qui peuvent faire écho à ceux de l'histoire de Marc et Tristan ?*

QUESTIONS DE SYNTHÈSE

La présence du mythe

1. *Quels sont les éléments mythiques de cet épisode* (l. 161 à 210) *?*
2. *Quelles qualités de Tristan met-il en valeur ?*
3. *Quelles figures royales sont ici opposées ? Commentez leur rôle ainsi que celui du héros.*

effraie : sorte de chouette au plumage clair.

chat-huant : rapace nocturne.

le comte donna perfidement à manger à sa femme le cœur de Guiron et la douleur qu'éprouva la dame quand elle apprit la mort de son ami.

La reine chantait doucement, s'accompagnant à la harpe. Belles mains, lai envoûtant, douce voix qui susurre... Entre alors Cariado, un comte puissant qui possède de grands domaines, des châteaux, de riches terres. S'il est à la cour c'est pour prétendre à l'amour d'Yseut. La reine, cependant, ne le prend guère au sérieux. Il s'est déclaré plusieurs fois depuis le départ de Tristan et veut tenter de la séduire. Vaine ambition, car, jusqu'ici, il a eu beau faire, il n'a pu lui arracher la moindre faveur, la moindre promesse, le moindre encouragement : il ne progresse pas d'un pouce. Il est depuis longtemps à la cour, retenu par cet amour. C'est un beau chevalier, courtois, orgueilleux et plein de fierté. Mais assez médiocre dans le domaine des armes ; beau parleur, agréable en compagnie, diseur de bons mots.

Il trouve Yseut en train de chanter et lui dit en riant :

« Madame, on dit que l'on entend l'effraie* chanter quand on va annoncer la mort d'un homme, car son chant est signe funeste ; mais votre chant, à ce que je crois, annonce aussi la mort de l'effraie. J'en sais une, en effet, qui va être frappée.

– Vous avez raison, dit Yseut. J'en suis d'accord. On peut bien appeler chant-huant* ou effraie celui qui chante pour effrayer autrui. Vous pouvez donc redouter votre propre mort, vous qui avez peur de mon chant et faites vous-même l'effraie avec vos mauvaises nouvelles. Je n'ai d'ailleurs pas souvenir que vous ayez jamais rapporté ici de nouvelles réjouissantes et vous n'y entrez que pour annoncer des catastrophes. Il en est de vous comme de ce bon à rien qui ne quittait le coin de son feu que pour affliger quelqu'un. Vous ne sortiriez jamais de chez vous si ce n'était le plaisir de colporter des ragots. Mais vous n'êtes pas très efficace lorsqu'il s'agit d'accomplir une belle action : on n'entend jamais dire de vous des choses qui flattent vos amis et fassent peine à vos ennemis. Vous parlez volontiers des faits et gestes d'autrui, mais on ne saurait s'étendre sur vos exploits. »

9. Cariado *(l. 219)* est un personnage que le texte traite avec quelque ironie. On appelle parfois cette figure celle du "beau couard" dans les romans courtois.

QUESTIONS

1. *Dans quelle mesure ce lai peut-il être ressenti par Yseut comme une image en réduction et dramatisée de sa propre histoire* (l. 211 à 216) *?*
2. *Quels sont les procédés de Thomas pour créer ici une atmosphère propre à un combat amoureux* (l. 217 à 229) *?*
3. *Dans le récit, Cariado a plusieurs fonctions intéressantes : quel rôle peut-il jouer par rapport à Marc ? par rapport à Tristan ? par rapport aux barons félons de Béroul ?*
4. *Quel est le sentiment qui l'anime principalement dans cette scène ?*
5. *Éclaircir le sens des propos de Cariado* (l. 231 à 234).
6. *Comment Yseut retourne-t-elle les propos de Cariado contre lui* (l. 235 à 246) *?*

Les histoires du cœur mangé

Le motif du cœur mangé est bien connu dans le folklore et très utilisé par les romanciers du XIIIe siècle.

L'œuvre française la plus célèbre sur ce thème est *L'histoire du châtelain de Coucy et de la Dame de Fayel* par Jakemes (fin XIIIe siècle). Dans ce roman, l'amant est identifié par le texte au châtelain de Coucy, trouvère du XIIe siècle, dont les poèmes disent l'amour malheureux de celui qui se trouve contraint de partir pour la croisade. Le châtelain meurt en Orient, son cœur est embaumé et envoyé à sa dame, mais intercepté par le mari qui le sert en repas à sa femme. À la révélation de son festin cannibale, la dame se laisse mourir de désespoir.

On peut noter qu'un conte du Penjab indien raconte la même histoire à propos du roi Rasalon et de sa femme Koklan. On prête aussi cette aventure au troubadour Guillaume de Cabestaing (Stendhal dans *De l'amour* a traduit cette légende du provençal). En Allemagne, en Italie, on retrouve le même motif.

Dans le *Lai d'Ignauré* au XIIIe siècle, on rencontre un récit voisin : douze maris, trompés par le même galant, l'assassinent et font manger son sexe à leurs épouses volages.

Illustration du Décaméron *de Boccace, manuscrit du XVe siècle.*

Cariado lui réplique :

« Vous vous emportez, je ne sais pourquoi. Mais bien fou qui s'inquiéterait de vos propos. Je suis peut-être un chat-huant, si vous êtes une effraie, mais quoi qu'il en soit de ma propre mort, les mauvaises nouvelles que je vous apporte concernent Tristan, votre ami cher. Vous l'avez perdu, dame Yseut. Il s'est marié en terre étrangère. Cherchez désormais quelqu'un d'autre à séduire car il dédaigne votre amour et a pris pour femme, en grande cérémonie, la fille du duc de Bretagne. »

Yseut, dépitée, lui répond :

« Il faut bien que vous soyez un chat-huant pour médire ainsi de Tristan et que Dieu m'abandonne si je ne suis pas votre effraie ! Vous m'avez annoncé une mauvaise nouvelle, en voici une meilleure : je vous le dis tout net, c'est en vain que vous me courtisez, vous n'aurez jamais rien de moi ; je ne vous aimerai de ma vie ni vous ni toute votre galanterie. J'aurais fait une belle conquête en votre personne ! J'aime encore mieux avoir perdu Tristan que de vous avoir gagné. Votre message ne vous portera pas bonheur. »

Elle est furieuse et Cariado le voit bien. Il renonce à lui en dire davantage de peur de la courroucer plus encore et de susciter ses injures. Il sort de la chambre et laisse Yseut en piteux état, étouffée de douleur et hors d'elle-même, sous le coup de cette nouvelle.

(Ms. Snyed I, v. 782-889)

Tristan a fait aménager en secret une salle dans laquelle il a placé des statues d'Yseut et de Brangien. Certaines versions du roman semblent dire qu'il les a lui-même exécutées ainsi que d'autres, représentant les principaux personnages de son aventure.

Les voluptés des grands amours, leurs souffrances, leurs douleurs, leurs peines et leurs angoisses, c'est tout cela que Tristan rappelle à la statue d'Yseut. Il l'embrasse tant et plus lorsqu'il est heureux, lui dit sa fureur quand il se met en colère à l'idée qu'en pensée, en songe ou influencée par des mensonges, la reine puisse l'oublier ou prendre un autre ami. Elle pourrait céder à la force du désir et choisir un amant plus disponible. Cette idée le rend fou et cet égarement le bouleverse. Il redoute qu'elle se mette à aimer le beau Cariado ; cet homme est à ses côtés jour et nuit, à son service, la flatte ; lui reproche l'amour qu'elle a pour lui, Tristan. Il a peur que faute d'avoir ce qu'elle désire, elle ne se retourne vers ce qui est à sa portée, qu'elle en prenne un autre, ne pouvant l'avoir, lui.

Quand sa méditation l'entraîne ainsi, il exprime toute sa haine à la statue d'Yseut et se tourne vers l'autre. Il ne veut plus voir Yseut ni lui parler et s'adresse à Brangien :

« Belle, c'est à vous que je me plains de l'inconstance et de la perfidie d'Yseut à mon égard. »

Et il dit tout ce qu'il pense à la statue, puis il s'en éloigne un peu, regarde la main d'Yseut qui lui tend son anneau d'or, revoit son expression au moment de leur séparation, et il se souvient du serment qu'ils ont échangé à cet instant. Alors, il pleure et demande pardon pour ses soupçons ineptes : c'est la colère qui l'a égaré. S'il a fait faire cette statue c'est bien pour lui dire tout ce qu'il a sur le cœur de bon et de mauvais, ses peines et ses joies d'amour ; à qui, sinon, avouer ses espoirs et ses désirs ?

(Ms. de Turin, v. 1-50)

QUESTIONS

1. *Qu'est-ce qui prouve que Cariado prend au sérieux les menaces d'Yseut contre lui ?*
2. *Quel avantage peut trouver Tristan à cette "idolâtrie" au sens strict* (l. 271 à 296) *?*
3. *Commentez les attitudes de Tristan et ses changements d'humeur.*
4. *Dans quelle mesure Tristan se comporte-t-il en "fin amant" et dans quelle mesure non ?*
5. *Quel jugement Thomas semble-t-il porter sur son personnage ?*

Un étrange amour unit ces quatre êtres : chacun y trouve peine et douleur et tous vivent dans la tristesse, aucun n'en retire de plaisir.

D'abord, le roi Marc craint qu'Yseut ne lui soit infidèle et en aime un autre ; il a beau faire, il souffre vivement et l'on comprend qu'il se tourmente ainsi car il n'aime et ne désire qu'Yseut, et celle-ci se détourne de lui. Il peut jouir de son corps, mais cela ne le console guère, sachant qu'un autre possède son cœur. Il en est fou de rage. Sa douleur est sans bornes de ce qu'Yseut a donné son amour à Tristan.

Après le roi, c'est Yseut qui souffre, d'une part parce qu'elle a ce qu'elle ne désire pas et d'autre part, parce qu'elle n'a pas ce qu'elle désire. Le roi n'a qu'un motif de souffrance, la reine, deux. Elle désire Tristan et ne peut l'avoir. Il lui faut rester auprès de son époux, elle ne peut l'abandonner, le délaisser. Il ne la satisfait pas : elle doit subir son corps et ne veut pas de son cœur. C'est pour elle une première torture permanente. La seconde c'est son désir de Tristan. Le roi son époux lui interdit de parler à son ami et veut l'obliger à n'aimer que lui, Marc. Elle sait qu'il n'y a pas de bien sous le ciel auquel Tristan aspire plus qu'à elle. Tristan la veut et elle le veut ; il ne peut l'avoir : là est tout le drame.

Le seigneur Tristan éprouve lui aussi, du fait de son amour, double peine et double douleur.

Il a épousé l'autre Yseut qu'il ne peut ni ne veut aimer. Mais il ne peut légitimement la quitter. Malgré qu'il en ait, il lui faut la garder puisqu'elle ne veut pas se séparer de lui. Quand il la prend dans ses bras, il en a peu de plaisir si ce n'est pour le nom qu'elle porte : c'est bien la seule chose qui le réconforte. Il souffre à cause de ce qu'il possède et plus encore à cause de ce qu'il n'a pas : la belle reine, son amie, en qui il a mis sa vie et sa mort. Voilà pourquoi Tristan souffre doublement.

Mais cet amour fait aussi souffrir Yseut aux blanches mains, sa femme. Quoi qu'il en soit de l'autre Yseut, celle-ci traîne une vie sans plaisir : son époux ne lui en donne pas et elle n'a pas d'amant. Celui qu'elle désire, elle l'a mais elle n'en jouit pas. Yseut la blonde déteste Marc parce qu'il peut faire de son corps ce qu'il veut, même s'il ne peut pas changer son cœur [...] Yseut aux blanches mains ne sait où trouver du plaisir, elle ne peut qu'aimer Tristan sans rien en attendre. Lui seul pourrait lui donner du plaisir, mais il ne l'approche qu'à contre-cœur. Elle voudrait l'enlacer et l'embrasser mais il s'y refuse et elle n'ose insister.

Je ne saurais réellement pas dire lequel des quatre souffre le plus et pourquoi, car je ne suis pas à leur place. Je me contente d'exposer la situation : que les amants jugent eux-mêmes lequel des quatre aime le mieux ou souffre le plus.

(Ms. de Turin , v. 71-152)

Un beau jour, dans ce pays, le seigneur Tristan et le seigneur Kaherdin furent invités, eux et leurs voisins, à une fête où auraient lieu des tournois. Yseut aux blanches mains accompagne Tristan. Kaherdin chevauche à leur droite, tenant ses rênes de la main gauche ; ils échangent des plaisanteries. Comme ils sont tout à leurs propos, ils laissent aller leurs montures à leur fantaisie. Le

10. On reconnaît bien ici la formation de clerc qu'a reçue Thomas : il met en place un morceau d'éloquence courtoise comme il les aime *(l. 297 à 343).*

11. Le texte d'ancien français mêle sans cesse prétérit et présent. On a respecté *(l. 344 à 346)* cette alternance.

QUESTIONS

1. *Précisez la composition du passage* (l. 297 à 339) *:*
– combien d'éléments sont mis en présence ?
– quelle figure de pensée dessinent-ils ?
– quelle est la progression de l'exposé ?

2. *Thomas dit qu'il ne se prononce pas sur la question qu'il a soulevée* (l. 340 à 343). *Est-ce exact ? Précisez.*

3. *Relevez le vocabulaire de l'amour charnel. Qu'en conclure ?*

palefroi : cheval de parade souvent dressé pour être monté par les dames. Celles-ci au Moyen Âge ne montaient pas vraiment en amazone mais le plus souvent de côté, les deux pieds posés sur une planchette suspendue à la selle.

cheval de Kaherdin fait un écart, ce qui entraîne celui d'Yseut à se cabrer. Elle l'éperonne ; comme il lève les sabots, elle veut piquer une seconde fois et doit pour cela écarter un peu les jambes. Pour assurer son équilibre elle se retient à la rêne droite ce qui fait bondir en avant le palefroi* qui glisse en bronchant dans une flaque d'eau. L'animal est ferré de neuf, il s'enfonce dans la boue, son pied frappe dans la flaque et l'eau jaillit et gicle jusqu'aux cuisses d'Yseut qui les a desserrées pour éperonner sa bête. La fraîcheur de l'eau surprend Yseut. Elle pousse un cri, ne dit rien mais est prise d'un tel fou rire que même pour respecter une quarantaine pénitentielle, elle ne saurait le maîtriser.

Kaherdin, la voyant rire ainsi, s'étonne ; il pense qu'elle a cru saisir dans ses propos quelque chose de ridicule, de méchant ou de grossier. C'est un chevalier soucieux de son honneur, de sa réputation, noble et plein de gentillesse. Aussi craint-il quelque indécence dans le rire de sa sœur, ce qui l'embarrasse. Il s'adresse à elle :

« Yseut, vous riez de bon cœur, je ne sais pourquoi. Dites-le moi ou je n'aurai plus confiance en vous. Vous pouvez me mentir, évidemment, mais si je m'aperçois ensuite que vous m'avez trompé, je ne vous considérerai plus comme ma sœur et tout sera rompu entre nous. »

Yseut comprend bien à ces mots qu'elle ne peut lui dissimuler la vérité sans risque et dit :

« Je ris d'une aventure qui vient de m'arriver. Cette eau qui a giclé sur mes cuisses est montée plus haut que jamais main d'homme n'osa s'égarer, fût-ce celle de Tristan. Mon frère, vous connaissez à présent la raison de mon rire. »

(Ms. de Turin, v. 196-257)

Les textes allemands et norois nous permettent de combler ici les lacunes du roman de Thomas. Kaherdin, apprenant ainsi que le mariage de sa sœur n'est pas consommé, demande des comptes à Tristan. Celui-ci s'excuse par l'incomparable beauté d'Yseut la blonde et, pour convaincre Kaherdin de son bon droit, lui montre les statues de la salle aux images. Kaherdin admet la supériorité de la reine et tombe amoureux de Brangien à la seule vue de sa statue. Un voyage en Grande Bretagne permet à Tristan et Kaherdin de contempler les deux femmes dans un cortège royal et renforce l'admiration du frère d'Yseut aux blanches mains pour la suivante de la reine. Quelques entrevues réunissent les quatre personnages et Brangien devient l'amie de Kaherdin. Vient un jour où Cariado se vante d'avoir mis en fuite le compagnon de Tristan au cours d'une des incursions des deux jeunes gens en Angleterre.

Brangien est furieuse et courroucée. Pleine de rage, elle va trouver Yseut qui, non loin de là, se languit de Tristan.

« Madame, dit Brangien, je suis perdue. Puissé-je ne jamais vous avoir connus, ni vous ni votre ami Tristan ! J'ai abandonné pour vous mon pays natal. Plus, pour complaire à votre folle passion j'ai perdu, madame, ma virginité. Je l'ai sacrifiée par dévouement pour vous. En échange vous m'avez fait mille promesses, vous et ce parjure de Tristan, que Dieu l'accable d'épreuves et de malheurs ! C'est sa faute si je suis ainsi humiliée, pour la première fois de ma vie.

12. Prières de pénitence ou de deuil pendant quarante jours *(l. 360)*.
13. Cette substitution *(l. 383)* appartient plus au monde du folklore qu'à celui du roman courtois.

QUESTIONS

1. *Pourquoi Thomas met-il tant de soin à décrire les circonstances de cet incident révélateur* (l. 344 à 377) ?
2. *Que nous apprend cet épisode sur le personnage d'Yseut aux blanches mains ?*
3. *Comment Thomas crée-t-il un effet de surprise* (l. 286 et 287) ?

Richeut : personnage d'entremetteuse dans un fabliau.

Souvenez-vous du destin que vous m'aviez réservé : vous avez donné l'ordre que l'on m'exécutât et ça n'est pas à vous que je dois d'avoir été épargnée par vos serfs. Leur hostilité m'a encore été plus clémente, Yseut, que votre amitié. Je suis bien faible et misérable d'avoir jamais accepté de vous croire après cela et de vous avoir conservé mon affection quand j'ai su que vous aviez voulu ma perte. Pourquoi n'ai-je pas plutôt cherché à vous rendre mort pour mort ?

Je vous avais tout à fait pardonné ce forfait, mais aujourd'hui vous récidivez en m'abusant en ce qui concerne Kaherdin. Maudite soit votre générosité qui récompense ainsi mes services. C'est donc cela, madame, le grand honneur que devait me valoir cet amant ? Tout ce qu'il voulait c'était une compagne pour sa débauche. Vous l'avez encouragé, Yseut, pour m'entraîner dans le dévergondage. Vous m'avez, madame, déshonorée pour satisfaire votre vice. Vous m'avez humiliée. C'est la fin de notre amitié.

Dieu, quelles louanges j'ai entendu à son propos quand on voulait que j'en tombe amoureuse. Jamais on ne vit homme si vaillant, si courageux, si habile aux armes ! Quel chevalier, à vous entendre ! Vous le prétendiez le meilleur au monde et c'est le plus lâche qui ait jamais tenu épée ou bouclier. Puisqu'il est capable de fuir devant Cariado, qu'il soit honni et mis à mort ! Il faut être l'homme le plus couard d'ici à Rome pour fuir devant un si piètre adversaire.

Mais dites-moi, reine Yseut, depuis quand jouez-vous les Richeut* ? Où avez-vous appris l'art de chanter les louanges d'un moins que rien pour abuser une faible femme ? Pourquoi m'avez-vous humiliée en me livrant à cet incapable ? Tant d'hommes de valeur m'ont priée d'amour. Je ne les ai pas écoutés et maintenant je suis liée à un couard ! C'est de votre faute et je saurai bien me venger de vous et de votre ami Tristan. Yseut, prenez garde et lui aussi. Je ferai tout pour vous nuire et vous me paierez cette humiliation. »

Quand Yseut entend les cris de rage et de défi que lui lance sa plus fidèle amie, quand elle voit celle à qui elle a confié son honneur mettre une joie cruelle à l'insulter aussi grossièrement, elle est bouleversée et sent la colère la gagner. Deux motifs d'angoisse lui serrent le cœur : elle ne sait si elle doit se défendre ou attaquer. Elle soupire et dit :

« Pauvre de moi ! Je voudrais être morte, car je n'ai connu que le malheur sur cette terre étrangère. Tristan, soyez maudit ! C'est à cause de vous que je suis dans cette détresse. C'est vous qui m'avez amenée ici ; depuis, ce ne sont que souffrances : à cause de vous, mon époux m'est hostile ainsi que tous ses barons, ouvertement ou non. Mais qu'importe ? Jusqu'ici j'ai supporté tout cela et je le supporterais encore si je pouvais compter sur l'amitié de Brangien. Mais voici qu'elle me persécute et me hait tant que je ne sais que faire. Elle entretenait ma joie, c'est votre faute si elle veut aujourd'hui ma perte. Quel malheur de vous avoir jamais aimé : je n'en retire qu'amertume et affliction.

Tristan, vous m'avez arrachée à ma parenté et vous m'avez privée de l'affection de tous. Cela ne suffit pas, il faut que vous me retiriez le peu de réconfort qui me restait : l'amitié de la noble Brangien, plus vaillante et plus fidèle qu'aucune demoiselle au monde. Vous et Kaherdin me l'avez aliénée par vos manigances. Ce que vous voulez c'est l'attacher au service d'Yseut aux

QUESTIONS

1. *Comment se révèle peu à peu le véritable motif de la colère de Brangien ? Relevez les termes révélateurs et montrez leur progression* (l. 380 à 420).
2. *Que nous apprend sur Yseut toute cette tirade de Brangien ? Par quels moyens Thomas a-t-il rendu la violence de Brangien ?*
3. *Quels sont les sentiments opposés qui se partagent le cœur d'Yseut* (l. 421 à 426) *?*

bernée : trompée.

blanches mains. Vous la savez loyale et vous voulez la lui donner. Mais c'est faire œuvre de parjure que de me voler ainsi ma protégée.

Brangien, souvenez-vous de mon père et des recommandations de ma mère ! Si vous m'abandonnez ici, sur cette terre étrangère, sans amis, que pourrai-je faire ? Comment survivrai-je sans aucun réconfort ? Brangien, si vous voulez me quitter, faut-il que vous me haïssiez ou que vous cherchiez un prétexte à mes dépens pour partir ailleurs ? Si vous voulez rejoindre Kaherdin, je vous en donnerai l'autorisation. Mais, avouez que c'est Tristan, que Dieu lui envoie toutes sortes d'épreuves, qui vous pousse à agir ainsi. »

Brangien écoute Yseut et ne peut s'empêcher de lui répondre :

« Il faut que vous ayez le cœur bien mauvais pour dire de moi de telles insanités et me prêter des intentions que je n'ai pas. Tristan n'a rien à voir là-dedans. C'est sur vous que la honte doit retomber puisque c'est vous qui en faites une arme. Si vous ne me vouliez que du bien, vous n'en useriez pas contre moi.

Vous voulez que l'on prête à Tristan votre malice, mais je sais bien que si Tristan n'avait pas été là, vous en auriez trouvé un autre et pire que lui. Je ne me plains pas de son amitié : ce qui me pèse et m'afflige, c'est de vous voir vous servir de moi pour assouvir votre perversité. Mais si je me laisse faire désormais, je ne pourrai m'en prendre qu'à moi. Prenez garde dorénavant, car je crois savoir comment me venger de vous. Si vous vouliez me marier que ne m'avez-vous donnée à un brave chevalier. Non, il a fallu que vous m'offriez à l'être le plus couard de la création. »

Yseut répond :

« Je vous en prie, très chère, je n'ai jamais voulu vous trahir. Rien de tout ceci n'a été fait contre vous, dans une mauvaise intention, par perversité. Ne craignez pas d'avoir été bernée*. Dieu m'est témoin que je voulais votre bien. Kaherdin est un bon chevalier, un duc puissant, un guerrier solide. Ne croyez pas que la peur l'ait fait fuir devant Cariado. Seuls les jaloux le disent. Jamais un Cariado ne l'aurait mis en déroute. Si l'on vous ment à son propos, ce n'est pas une raison pour le haïr, non plus que Tristan ou moi-même.

Brangien, croyez-moi, quoi qu'il advienne de cette affaire, tous à cette cour aimeraient bien nous voir brouillées. Voilà qui réjouirait nos ennemis.

Si vous m'êtes hostile, qui voudra me respecter ? À quel honneur pourrai-je prétendre si c'est vous qui me traitez d'infâme ? La trahison la plus redoutable, c'est celle qui vient de nos proches, de nos intimes, de ceux qui dépendent de nous. Un confident qui connaît nos secrets peut les divulguer s'il est poussé par la haine. Brangien, vous qui me connaissez, vous pouvez me perdre, si vous le voulez ; cependant, vous prenez des risques en allant découvrir au roi, sous le coup de la colère, des confidences et des secrets dont vous avez été la complice. D'ailleurs, c'est vous la responsable de tout. Ne nous querellons pas. Cela ne sert à rien. Je n'ai jamais cherché à vous humilier, j'ai voulu votre honneur, votre bien. Laissez là votre amertume. À quoi cela vous avancerait-il de me déconsidérer aux yeux du roi ? Ma honte ne fera pas votre gloire, au contraire, vous en serez moins estimée. Les gens honnêtes vous mépriseront fort et vous aurez perdu à la fois mon affection et l'amitié de mon époux. Car quelle que soit son attitude envers moi, n'allez pas croire que vous échapperez à sa rancune.

QUESTIONS DE SYNTHÈSE

La rhétorique d'Yseut

1. *Étudiez la rhétorique d'Yseut* (l. 427 à 454). *Quels sont le sens et l'intention de ses premières phrases ?*
2. *Quels arguments dans son discours s'adressent à Brangien ?*
3. *En quoi consiste le reste de la réplique d'Yseut ?*
4. *Comment expliquer son apparente haine de Tristan à ce moment ?*

QUESTIONS

1. *Brangien reproche-t-elle à Yseut d'avoir disposé d'elle comme d'un objet* (l. 456 à 469) *? Pourquoi ?*
2. *Quel est le mot-clef de la réponse de Brangien ?*
3. *À quoi Yseut fait-elle allusion* (l. 491) *?*

trancher le nez : châtiment parfois imposé aux voleurs et aux prostituées et en tout cas déshonorant.

Il m'aime tant que personne ne pourrait le pousser à me haïr ni ne serait capable de nous brouiller au point qu'il me répudie. Il peut réprouver ma conduite mais pas me détester, condamner mes folies, mais pas renoncer à moi, il peut souffrir de mes agissements, mais, au bout du compte, il ne peut que m'aimer. Jamais ceux qui m'ont fait du mal n'ont trouvé grâce à ses yeux. Il ne sait aucun gré à ceux qui lui tiennent des propos qu'il ne veut pas entendre.

Et quel bien cela lui ferait-il que vous me dénonciez ? De quoi l'aurez-vous vengé en me déshonorant ? Pourquoi voulez-vous me trahir ? Quelle révélation voulez-vous lui faire ? Que j'ai rencontré Tristan ? Est-ce porter tort au roi ? Quel service lui aurez-vous rendu quand vous aurez excité son courroux contre moi ? De quoi a-t-il à se plaindre ? »

Brangien répond :

« Par serment, voilà un an, vous vous étiez engagée à ne plus accorder d'entrevue à Tristan. Vous n'avez pas respecté l'interdit et vous avez trahi votre parole. Dès que vous l'avez pu, malheureuse Yseut, vous vous êtes parjurée, démentie et reniée ; vous êtes si endurcie dans le vice que vous êtes incapable d'y renoncer : c'est une habitude contre laquelle vous ne pouvez plus rien. Il faut qu'elle vous vienne de l'enfance pour que vous y teniez à ce point et faire le mal doit vous donner bien du plaisir pour que vous y mettiez cette obstination ! Ce qu'un poulain apprend lors du dressage, bon gré mal gré, il le sait pour longtemps et ce qu'une femme apprend dans sa jeunesse, si on ne la corrige pas, elle le met en pratique toute sa vie pour peu qu'on lui en laisse le loisir.

Le vice, vous l'avez connu toute jeune, depuis c'est votre seule passion. Si cela ne vous venait pas de si loin vous seriez moins obstinée. Si le roi vous avait dressée, vous ne seriez pas si dévoyée ; parce qu'il consent à tout vous en abusez. Mais s'il a été si tolérant, c'est qu'il n'avait pas de preuve certaine. Je vais lui dire la vérité, il en fera ce qu'il voudra !

Vous vous êtes tant adonnée à la galanterie que vous en avez oublié tout honneur, et l'indécence vous est devenue si habituelle que vous ne changerez plus. Sitôt qu'il a eu des soupçons, le roi aurait dû vous mater mais sa complaisance l'a déconsidéré aux yeux de tous ses hommes. Il aurait dû vous faire trancher le nez* ou quelque chose de ce genre afin que vous soyez à jamais déshonorée à la grande joie de vos ennemis. On aurait dû vous humilier, vous qui humiliez tout votre lignage, vos amis et votre époux.

Si vous aviez le moindre souci de votre honneur, vous renonceriez au vice. Mais je sais bien ce qui vous conforte : c'est la faiblesse du roi qui vous laisse faire. Il n'a pas la force de vous haïr, pourquoi cesseriez-vous de le tromper ? Il a pour vous une telle passion qu'il accepte tout. Si ce n'était pas le cas, il vous châtierait comme vous le méritez.

Rien ne m'empêchera de vous le dire, Yseut, ce que vous faites est ignoble et vous avilit : un homme qui vous aime d'un si bel amour, le traiter avec une telle indifférence ! Si vous aviez un peu d'affection pour lui, vous ne le souilleriez pas de la sorte ! »

Quand Yseut s'entend ainsi insulter, elle s'emporte :

« Quelle cruauté dans le jugement : au diable vos critiques ! Vos paroles sont d'une insolente ; qui vous permet de me traiter de parjure ?

QUESTIONS

1. *Quels sont les nouveaux arguments d'Yseut* (l. 471 à 513) *?*
2. *À quel moment son discours "bascule-t-il" ? En quoi ? Montrez comment la violence d'Yseut croît dans cette réplique.*
3. *Où dans le roman de Thomas a-t-on déjà rencontré une pointe de misogynie de ce genre* (l. 525 à 527) *?*
4. *Quel nouvel élément apparaît ici dans le rapport de force entre les deux femmes ?*

D'ailleurs, si je suis sans foi, parjure, déshonorée, si je me vautre dans le vice, c'est pour suivre vos excellents conseils. Sans votre consentement, rien n'aurait été possible entre Tristan et moi. Mais vous m'avez approuvée et vous m'avez appris comment m'y prendre. Les ruses, les plaisirs, les plaintes, les souffrances, la durée de notre liaison, tout cela nous vous le devons. C'est moi que vous avez trahie la première, puis ce fut Tristan, enfin le roi : ce dernier saurait tout depuis longtemps sans votre finesse ; vos mensonges ont encouragé notre folie. Vos ruses et votre fourberie ont masqué nos agissements coupables. C'est vous qui êtes à blâmer, bien plus que moi puisqu'on m'avait confiée à vous et que vous m'avez menée à ma perte. Aujourd'hui, vous voulez me dénoncer pour ce que j'ai fait sous votre responsabilité.

Que les feux de l'enfer me brûlent ! Si l'on en est à dire la vérité, je ne cacherai rien. Si le roi doit se venger, ce sera d'abord de vous. Vous l'aurez bien mérité !

Néanmoins je vous en supplie : ne révélez pas notre secret. Oubliez votre colère. »

Et Brangien :

« Que non ! Par ma foi ! Je vais de ce pas trouver le roi. Nous verrons bien qui a le droit pour soi. Advienne que pourra ! »

Pleine d'hostilité, elle quitte alors vivement Yseut en jurant qu'elle va tout rapporter au roi.

(Ms. Douce, v. 3-346)

QUESTIONS

1. *Relevez les marques de colère dans la dernière réplique d'Yseut.*
2. *Quels sont les éléments nouveaux de son argumentation ?*
3. *Comment s'explique le changement de ton de sa dernière réplique ?*

Brangien aux pieds de la reine Yseut, miniature du XV*e siècle.*

SYNTHÈSE *Ms. Douce, v. 3 à 346*

L'affleurement des mythes dans le roman
Le personnage de Brangien

*I. Quelques repères**

1. Les premiers fragments du roman de Thomas montrent le mariage de Tristan et Yseut aux blanches mains. Tristan l'épouse :
a) parce qu'avec son éloignement de la cour de Cornouailles, son amour pour la reine a beaucoup diminué ☐
b) parce qu'Yseut aux blanches mains est belle ☐
c) parce qu'elle porte le même nom que la reine ☒

2. Tristan offense sa jeune épouse :
a) parce qu'il refuse de lui dire qu'il l'aime ☐
b) parce qu'il ne consomme pas son union avec elle ☒
c) parce qu'il lui avoue son amour pour une autre ☐

3. L'Orgueilleux d'Espagne voulait :
a) que le roi Arthur lui prête hommage ☐
b) qu'il fasse raser sa barbe pour la lui envoyer ☒
c) qu'il fasse raser tous ses barons afin que le géant puisse se faire faire un manteau ☐

4. Cariado traite Yseut d'oiseau de malheur. Il la désigne comme :
a) une effraie ☒
b) une corneille ☐
c) une pie ☐

5. Brangien en veut à Yseut :
a) parce qu'Yseut a cherché à la faire tuer ☐
b) parce qu'Yseut ne l'a pas mariée ☐
c) parce qu'Yseut lui a fait prendre un ami de cœur indigne d'elle ☒

6. À l'issue de cette querelle :
a) les deux femmes sont réconciliées ☐
b) Brangien part dénoncer Yseut au roi Marc ☒
c) Yseut renvoie Brangien ☐

II. L'Orgueilleux d'Espagne et autres mythes

Les romans de *Tristan* conservent la trace des mythes empruntés au fonds indo-européen. On voit ici, au sein même de la version "courtoise" de Thomas, apparaître le personnage de l'Orgueilleux qui semble tout droit sorti des légendes fondatrices primitives.

Ici, tout se passe comme si l'histoire de Tristan devait se rejouer à un autre niveau. Marc est remplacé par un empereur, vague souvenir de Charlemagne, tout aussi impuissant que le roi de Cornouailles à se trouver un champion. Au lieu de l'oncle maternel d'autrefois (le Morholt), Tristan affronte le neveu du géant : on reste dans la structure familiale où les neveux jouent le rôle des fils. La menace de castration symbolique est écartée (jeunes gens enlevés ou barbe-fétiche menacée sont sauvés). La mission civilisatrice du héros est réaffirmée. Le roman réintègre donc la légende dans une structure en spirale où tout se redit et où tout est différent.

À d'autres occasions, dans Béroul comme dans Thomas, on voit réapparaître la "couche mythique" dans le roman.

1. Revenez sur les épisodes qui mettent en scène le nain Frocin. Relevez les marques physiques de sa différence. De quel ordre sont les savoirs de ce personnage ? À quoi les emploie-t-il ?

2. Frocin révèle aux barons que Marc a des oreilles de cheval. Au-delà du jeu de mots sur le nom du roi, à quels mythes pourrait renvoyer cette particularité ? (Cherchez dans un dictionnaire des symboles ce que représente le cheval dans bien des mythologies.)

III. À propos de Brangien

1. Retrouvez quelques éléments du folklore dans l'histoire de Brangien telle qu'elle la raconte elle-même.

2. Quelle est l'importance relative du rôle de Brangien dans le roman de Béroul et celui de Thomas ?

3. Établissez un schéma des personnages principaux en cherchant les équilibres entre eux : symétries, rapports d'amour ou d'aide, oppositions, rapports d'hostilité. Observez la place qu'y tient Brangien. Commentez.

4. Le personnage de Brangien vous paraît-il victime ou coupable ? En quoi ? Montrez l'utilité narrative que peut avoir la scène de dispute entre Brangien et Yseut pour une large section du roman de Thomas.

* Les réponses à ces questions se trouvent p. 64.

Brangien révèle à Marc... que Cariado fait la cour à Yseut ! Celle-ci, dit-elle, a trompé tout le monde. Ce n'est plus Tristan qu'elle aime, d'ailleurs, n'a-t-elle pas voulu sa mort lorsqu'elle l'a fait chasser par Cariado ? Ce sont ses relations avec ce dernier qu'il faut surveiller. Marc, convaincu, confie Yseut à la garde exclusive de Brangien. Tristan, un peu honteux de son départ précipité, laisse Kaherdin rentrer en Bretagne et retourne sur ses pas.

Tristan est toujours amoureux fou. Il revêt de pauvres atours : pauvre atours, en effet, que les haillons destinés à dissimuler son identité*. Grâce au suc d'une plante, il se rend méconnaissable : son visage enfle et se boursoufle comme celui d'un malade. Pour être certain de n'être pas reconnu, il se noircit pieds et mains : il a tout à fait l'air d'un lépreux.

Il prend alors un hanap* de bois veiné que la reine lui a donné au début de leur liaison, il y met une grosse bille de buis et se trouve ainsi muni d'une crécelle. Il gagne la cour du roi et se place à l'entrée du château, guettant les nouvelles, observant tout ce qui se passe. Il mendie, fait sonner sa crécelle, mais n'apprend rien qui puisse lui réjouir le cœur.

Un beau jour, cependant, le roi, ayant réuni toute la cour, s'en va à la cathédrale entendre la grand-messe. Il sort du palais, suivi de la reine. Tristan, la voyant, lui demande l'aumône. Yseut ne le reconnaît pas. Il la suit, agitant sa crécelle et la supplie d'une voix piteuse de lui donner quelque chose pour l'amour de Dieu, par charité. Les hommes d'armes se moquent de lui et la reine continue son chemin. On le pousse, le bouscule, on l'écarte du cortège, on le menace, on le frappe ; il s'obstine, implorant l'aumône pour l'amour de Dieu. Rien ne le fait renoncer. Tous le trouvent agaçant : comment comprendraient-ils sa profonde misère ?

Il suit le cortège jusqu'à l'église, criant, agitant sa crécelle. Yseut en est exaspérée, elle le regarde avec colère, se demandant qui peut bien être cet homme qui s'attache ainsi à ses pas.

Cependant, elle aperçoit le hanap et le reconnaît. Elle comprend alors qu'il s'agit de Tristan ; son corps bien fait, son allure, sa silhouette, tout le lui confirme.

Son cœur se serre, elle change de couleur car elle redoute fort le roi. Elle tire de son doigt un anneau d'or qu'elle voudrait jeter dans le hanap, mais elle ne sait comment s'y prendre. Elle l'a encore en main lorsque Brangien s'en aperçoit. La demoiselle regarde mieux Tristan et le reconnaît. Saisissant sa ruse, elle le traite de fou et de coquin : comment ose-t-il se mêler ainsi aux nobles barons ? Elle s'en prend aux sergents qui tolèrent la présence d'un malade au milieu des gens sains, et reproche à Yseut sa faiblesse :

« Depuis quand jouez-vous les saintes pour faire des dons aussi généreux aux lépreux ou aux pauvres ? Vous voulez lui donner votre anneau ? Çà non, madame, par ma foi ! Ne faites pas preuve d'une largesse que vous regretterez aussitôt. Ce serait là charité dont vous ne tarderiez pas à vous repentir. »

Et elle donne l'ordre aux sergents de chasser le lépreux de l'église. Ils le mettent à la porte et Tristan préfère ne pas insister.

Il a bien compris, en effet, que Brangien les hait, Yseut et lui, et ne sait plus que faire. Une grande angoisse lui serre le cœur : il a été honteusement chassé. Il pleure à chaudes larmes sur sa jeunesse et sur son sort, il se plaint d'avoir tant sacrifié à cet amour. Il a connu tant de souffrances, de peines, de peurs, d'angoisses, de périls, d'épreuves, d'exils qu'il ne peut s'empêcher d'en pleurer.

identité : la reprise des termes par Thomas semble destinée à créer un effet de pathétique.

hanap : grand vase à boire en métal ou en bois.

14. On pourra remarquer la similitude des éléments de la description de Tristan faux-lépreux chez Béroul au Mal Pas, avec celle de Thomas dans cette scène.

QUESTIONS

1. *Précisez en quoi le comportement inattendu de Brangien satisfait à la fois aux nécessités dramatiques et narratives* (cf. résumé ci-contre).
2. *Qui, finalement, de Brangien ou d'Yseut, l'a emporté ?*
3. *Comment s'exprime le pathétique de la scène* (l. 579 à 621) *dans l'action, dans l'attitude des personnages, dans les interventions du narrateur ?*
4. *Quel autre objet symbolique que le hanap figure dans cet épisode ? Que peut-il rappeler ?*
5. *Par quelle démarche passe la reconnaissance de Tristan par Yseut ? De Tristan par Brangien ? Qu'y a-t-il de commun dans les deux cas ?*
6. *Éclairez le sous-entendu de Brangien* (l. 619).

Il y a dans la cour un vieux bâtiment effondré et ruiné. C'est là que Tristan se cache, sous l'escalier. Il gémit sur son malheur, sa souffrance et la vie qu'il mène. À force de se tourmenter, de jeûner, de veiller, il est devenu très faible. Sous l'escalier, épuisé et harassé, Tristan languit, désirant la mort, détestant la vie, incapable de se lever sans aide.

Yseut, elle, toute mélancolique, se plaint d'avoir vu chasser ainsi celui qu'elle aime le plus au monde. Désemparée, elle pleure et soupire, se maudit de demeurer en vie. La cour écoute la messe à l'église, puis retourne au château pour le banquet. Les réjouissances durent toute la journée dans la joie et l'allégresse, sans qu'Yseut y prenne part.

Or cette nuit-là, le portier du château eut froid dans sa loge ; il dit à sa femme d'aller chercher du bois. La dame n'avait pas envie d'aller bien loin ; elle savait qu'il y avait sous l'escalier du bois sec et du vieux merrain*. Elle y va sans tarder, avance dans l'obscurité et trouve Tristan endormi : elle touche l'esclavine* à longs poils et pousse un grand cri. Ignorant ce dont il s'agit, elle est trempée de sueurs froides, prête à croire que c'est un diable. Terrifiée, elle court tout raconter à son époux.

Celui-ci se rend dans les ruines, allume une chandelle et cherche à tâtons. Il finit par trouver Tristan, allongé, à demi-mort. Il se demande ce que cela peut être et approche la lumière. Il comprend, à voir cette forme, qu'il s'agit d'un homme et constate qu'il est glacé.

Il l'interroge : qui est-il ? que fait-il là ? comment est-il arrivé sous cet escalier ?

Son identité, les raisons qui l'ont amené à cet endroit, Tristan les dit au portier en qui il a toute confiance et qui l'a toujours beaucoup aimé. Difficilement, au prix d'assez grands efforts, le portier parvient à amener Tristan dans sa loge ; il lui donne un bon lit, à boire et à manger, accepte, enfin, de porter un message à Yseut et Brangien, comme il l'a déjà fait souvent. Mais, quoi qu'il dise, il ne parvient pas à fléchir Brangien.

merrain : bois fendu en planches.

esclavine : vêtement inspiré par celui des Slavons : robe fendue assez courte, à capuchon.

15. L'aspect familier de cette petite scène de la découverte de Tristan par le portier *(l. 640 à 660)* en fait une comédie qui répond au ton dramatique du passage précédent. Par ailleurs Thomas évite de perdre du temps à développer ces tableaux, ce qui allège le rythme du roman à cet endroit.

QUESTIONS

1. *Lequel des trois personnages est maître de la situation* (l. 622 à 639) *? Commentez.*
2. *Comparez l'attitude de Tristan et celle d'Yseut dans ce passage. Observez le champ lexical de la souffrance.*
3. *Lequel des deux personnages est évoqué le plus longuement par Thomas ? Pourquoi ?*

Le saint sous l'escalier

Le jeu sur les espaces à cet endroit du roman peut sembler multiplier les effets de réel. Lieu profane : le palais ; lieu sacré : la cathédrale ; lieu de la pauvreté : la ruine ; lieu de la richesse : la salle ou la chambre de marbre.

Mais la fonction symbolique de ces espaces est évidente : à la joie, la foule, l'abondance, la lumière s'opposent la souffrance, la solitude, l'obscurité, le froid ; à la civilisation, la sauvagerie. Et surtout c'est à un motif littéraire plus qu'à un référent réel que nous adresse le texte. Le bâtiment en ruines et le pauvre sous l'escalier renvoient aussi bien à *Girard de Roussillon* dont le héros, chassé d'une riche maison dans la nuit de Noël, trouve un refuge dans un cellier, sous l'escalier, qu'à la légende de Saint Alexis, la plus célèbre du Moyen Âge sur ce thème.

Fils d'un riche Romain, Alexis quitte son épouse au soir de ses noces pour mener une vie d'ascète en Syrie. Comme sa sainteté commence à être connue, il fuit et revient à Rome où, sans se faire reconnaître, il se fait héberger par charité chez ses parents. Logé sous l'escalier, nourri de restes et maltraité par les domestiques, il vit là dix-sept ans avant d'y mourir, laissant aux siens un document qui leur révèle son identité. Aussitôt canonisé, il est vénéré de tous les Romains.

Saint Alexis, gravure d'après J. Callot, XVIIe siècle.

cilice : chemise, ceinture de crin ou d'étoffe rude, portée par pénitence.

vielle : instrument populaire à cordes frottées dans lequel une manivelle à roue remplace l'archet. Comme la harpe, la vielle est l'instrument des chanteurs ambulants, souvent chargés, dans les romans, du rôle de messager.

Yseut fait venir celle-ci et lui dit :

« Noble demoiselle, Tristan et moi nous vous implorons ! Allez lui parler, je vous en supplie. Consolez-le dans sa souffrance. Il se meurt de désespoir et de mélancolie ; vous l'aimiez bien, naguère : très chère, allez le réconforter ! Il ne désire rien tant que vous voir. Au moins, allez lui dire pourquoi vous le haïssez ainsi. »

Brangien répond :

« Inutile d'en parler. Le réconforter ? Moi ? Je souhaite plutôt sa mort. Au moins on ne me reprochera plus d'encourager votre trahison. On a assez médit de nous, en faisant de moi votre complice et en disant que mes mensonges et mes ruses permettaient de dissimuler vos forfaits. Voilà ce qu'on gagne à servir un traître ; tôt ou tard on perd le fruit de ses efforts. Je vous ai servie du mieux que je pouvais et voilà ma récompense. Si vous vous souciiez de votre honneur, vous auriez reconnu autrement mes services et m'auriez offert mieux qu'un amant avilissant. »

Yseut lui dit :

« Laissez cela. Ne me reprochez pas ce que je vous ai dit sous le coup de la colère. Je regrette de l'avoir fait. Je vous prie de me pardonner et d'aller trouver Tristan, car il ne guérira jamais s'il ne vous voit. »

Elle flatte tant Brangien, la supplie tant, lui promet tant et l'implore tant qu'elle obtient qu'elle aille voir Tristan dans la loge qui l'abrite, pour le réconforter. Elle le trouve faible et malade, tout pâle, sans forces, amaigri, avec bien mauvaise mine.

Brangien l'écoute se plaindre. Il soupire du fond du cœur et la prie d'avoir pitié de lui. Qu'elle lui dise, pour l'amour de Dieu, pourquoi elle le hait, qu'elle lui avoue la vérité. Et Tristan la rassure : ce qu'on lui a dit de Kaherdin est tout à fait faux : il le fera même venir à la cour pour démentir Cariado. Brangien finit par le croire et accepte sa parole ; ils se réconcilient enfin et rejoignent la reine dans sa chambre de marbre.

Là, tous trois font la paix dans l'émotion et oublient leurs chagrins. Tristan et Yseut connaissent ensemble quelques instants de bonheur.

La majeure partie de la nuit écoulée, au petit jour, Tristan prend congé et retourne dans son pays. Il rejoint son bateau et passe la mer dès que le vent le permet. Il retrouve Yseut de Bretagne que cette équipée a rendue bien malheureuse. Très amoureuse, elle souffre et se désespère de ce que tout bonheur lui soit refusé. L'amour de Tristan pour l'autre Yseut, lui crée sans cesse des raisons de souffrir.

(Ms. Douce, v. 503-738)

Yseut décide de porter un cilice pour partager la douleur de son ami exilé, jusqu'à ce qu'elle ait des nouvelles sûres de lui. Tristan l'apprend par un message codé que lui transmet un joueur de vielle*. Pour abréger les souffrances d'Yseut, il revient aussitôt avec Kaherdin en Angleterre. Ils participent anonymement à des joutes où ils se distinguent et dans un tournoi, Kaherdin tue Cariado, tenant ainsi la promesse de Tristan à Brangien.*

Seigneurs, il existe de multiples versions de ce conte et c'est pourquoi je cherche à lui donner une unité : je rapporte les

16. On remarque dans cette scène *(l. 662 à 688)* une inversion des rôles entre Yseut et Brangien.
17. Remarquez l'accélération du récit *(l. 684 à 694)* qui met en œuvre une technique de l'écriture romanesque : le sommaire.
18. Thomas est très présent dans son texte, de façon directe, à la première personne, comme ici *(l. 705 à 734)*, ou de façon indirecte.

QUESTIONS

1. *Quels arguments reprend Brangien* (l. 670 à 678) *? Pourquoi ? Qu'est-ce qui révèle que Brangien est un peu moins hostile aux amants ?*
2. *D'après Yseut, c'est Brangien que Tristan, malade, désire voir. Pourquoi ?*
3. *Yseut aux blanches mains ignore encore tout de l'amour de Tristan pour la reine. Pourquoi sa souffrance est-elle mentionnée* (l. 700 à 704) *?*

QUESTIONS DE SYNTHÈSE

Le séjour de Tristan à la cour

1. *Si l'on considère l'ensemble de l'épisode du séjour de Tristan à la cour, qu'est-ce qui a été le plus développé ? (descriptions, actions, psychologie ?) Pourquoi ?*
2. *Commentez en comparant Thomas et Béroul.*

Bréri : ce personnage est cité par d'autres textes de l'époque. On retrouve là la coutume médiévale qui veut que le romancier s'abrite de temps à autres derrière une "autorité", fût-elle incontrôlable.

épisodes intéressants et je laisse les autres. Je ne veux toutefois pas faire disparaître absolument les divergences. À cet endroit de l'histoire, la matière est diverse. Les conteurs qui ont coutume de dire le Tristan ont des versions différentes. J'en ai entendu plusieurs. Je sais ce qu'ils racontent et ce qu'on a mis par écrit, mais, autant que je sache, ils ne respectent pas la version de Bréri* qui est pourtant la seule autorité ici : il savait les récits épiques et les romans concernant tous les rois et tous les comtes qui ont marqué l'histoire de la Bretagne. Le point de désaccord le plus manifeste est le suivant : plusieurs d'entre nous, conteurs, se refusent à admettre la version que donnent certains de l'épisode du nain : Kaherdin aurait éprouvé une fatale passion pour la femme de ce dernier et le nain, après l'avoir tué, aurait blessé Tristan avec un arme empoisonnée. Pour soigner cette blessure, Tristan aurait envoyé Gouvernal en Angleterre chercher Yseut.

Mais Thomas ne veut pas cautionner cet épisode et même, veut s'employer à démontrer qu'il n'y a pas de vraisemblance.

Gouvernal était connu de tous en Angleterre et chacun savait qu'il était le complice des amants, le messager ordinaire de Tristan auprès d'Yseut. Le roi le détestait et le faisait surveiller. Comment, donc, aurait-il pu venir à la cour offrir ses services au roi, aux barons et aux hommes d'armes en tant que marchand étranger, sans être démasqué, lui qui était si familier à tous ? Je ne vois pas comment il aurait pu s'arranger ni ramener Yseut avec lui. Ces conteurs se fourvoient bien loin de la véritable tradition. S'ils ne veulent pas en convenir, tant pis, qu'ils s'en tiennent à leur version, je m'en tiendrai à la mienne. La raison finira bien par l'emporter !

(Ms. Douce, v. 837-886)

En Petite Bretagne, Tristan et Kaherdin se consolent un peu par de longs séjours dans la salle aux images. Au cours d'une chasse ils rencontrent un chevalier qui dit s'appeler Tristan le nain et chercher Tristan l'amoureux, le seul à pouvoir l'aider à reconquérir sa dame enlevée par l'Orgueilleux du Fier Château. Après avoir un peu hésité, Tristan accepte de l'accompagner. Dans le combat qui suit, Tristan le nain est tué et Tristan blessé par une arme empoisonnée. Il semble condamné, Yseut est son seul espoir. Il fait donc venir Kaherdin et le supplie d'aller chercher la reine. Il ignore qu'Yseut aux blanches mains, dissimulée derrière la cloison du lit, écoute toute la conversation.

Kaherdin est très ému par les larmes, les gémissements, le désespoir de Tristan. Il lui dit affectueusement :

« Cher compagnon, ne pleurez pas. Je ferai ce que vous me demandez. Oui, ami, pour vous sauver je donnerais ma vie et je suis prêt à prendre tous les risques pour vous apporter quelque réconfort. Au nom de la fidélité que je vous dois, je n'hésiterai pas, toutes affaires cessantes, quelles que soient les difficultés, à mettre tout en œuvre pour vous satisfaire. Donnez-moi votre message et je pars tout de suite. »

Tristan répond :

« Je vous remercie. Écoutez-moi, donc.

Prenez cet anneau. C'est un signal convenu entre Yseut et moi. Quand vous aurez débarqué, faites-vous passer pour un marchand et apportez à la cour de belles soieries. Faites en sorte que la reine voie cet anneau car, dès qu'elle l'aura aperçu et vous

QUESTIONS

1. *Qu'est-ce que le nom de Tristan le nain peut faire supposer* (cf. résumé ci-contre) *?*
2. *À quel autre épisode le nom de l'Orgueilleux du Fier Château fait-il écho pour le lecteur ?*
3. *À quels talents d'Yseut Tristan fait-il appel ? Qu'apporte cette blessure empoisonnée à la structure de l'ensemble de l'histoire de Tristan et Yseut ?*

faire diligence : faire vite, avec un soin empressé.

aura reconnu, elle cherchera un prétexte pour vous parler tout à loisir. Saluez-la de ma part car elle est mon salut. Je lui envoie ce salut avec d'autant plus de ferveur que je n'ai plus d'espoir de salut. Je salue en elle mon salut car je ne saurais guérir sans elle. En vérité je la salue car elle est ma seule consolation. Ma survie et ma santé dépendent de sa venue. Si elle ne m'apporte le salut et ne me réconforte de sa présence, alors, que ma guérison reste entre ses mains, là-bas, je mourrai dans le désespoir. Enfin, dites-lui que je suis mort si elle ne me secourt. Peignez-lui bien ma souffrance, le mal dont je languis, afin qu'elle vienne à ma rescousse. Rappelez-lui les délices et les plaisirs que nous avons connus jour et nuit, les souffrances, les tristesses, les joies et les douceurs de notre parfait amour du temps où elle guérit ma blessure. Qu'elle se souvienne du philtre que nous avons bu tous deux, en mer, par accident. Ce breuvage était mortel, jamais nous n'en guérirons. L'heure où on nous l'a donné était marquée dans notre destinée comme celle de notre mort. Qu'elle se souvienne de tout ce que m'a coûté son amour : je lui ai sacrifié toute ma parenté, mon oncle le roi et toute sa maison. J'ai été ignominieusement chassé, exilé en terre étrangère. J'ai tant souffert que je survis à peine. Notre amour, notre désir, nul n'a pu le briser. Aucun tourment, aucune peine n'a pu le briser. Plus on s'efforçait de nous désunir, moins on y parvenait ; on séparait nos corps, on ne pouvait en extirper l'amour.

Rappelez-lui notre serment, au jardin, le jour où je dus la quitter. Tandis qu'elle me remettait cet anneau, elle me demanda de ne jamais en aimer une autre, où que j'aille. J'ai tenu ma parole ; je n'ai pu aimer votre sœur et je n'aimerai jamais ailleurs, tant que durera ma passion pour la reine. Je suis si épris de la reine Yseut que votre sœur est restée vierge.

Sommez la reine, au nom de la parole donnée, de venir à moi en ce besoin où je suis. C'est là qu'on verra si elle m'a jamais aimé. Tout ce qu'elle a fait pour moi jusqu'ici sera peu de chose si elle refuse de me secourir et de soulager mes maux. À quoi bon son amour, si elle me fait défaut au moment crucial ? Que m'importe son affection, si elle me manque au moment où j'en ai le plus besoin ? Tout le réconfort qu'elle a pu m'offrir jusqu'ici ne vaut rien, si elle ne m'aide pas quand je suis en danger de mort. Que serait cet amour qui refuserait de me sauver ?

Kaherdin, je ne vous en dis pas davantage. Faites du mieux que vous pourrez et saluez Brangien de ma part. Dites-lui comme je souffre ; si Dieu n'intervient pas, j'en mourrai. Il me reste peu de jours à vivre si j'en juge par ma douleur et ma faiblesse. Compagnon, hâtez-vous de partir et de revenir. Car si vous ne faites pas diligence*, sachez que vous ne me reverrez pas vivant. Je vous accorde quarante jours. Si vous réussissez et ramenez Yseut, gardez-moi le plus grand secret. Ne dites rien à votre sœur : qu'elle ne se doute pas de mon amour pour la reine. Vous n'aurez qu'à faire passer celle-ci pour un médecin venu me soigner. Prenez mon propre navire et emportez deux jeux de voiles, l'un blanc et l'autre noir. Si Yseut est avec vous et vient guérir ma blessure, hissez les voiles blanches. Sinon, cinglez sous voiles noires.

Je n'ai rien à ajouter, ami, que Notre-Seigneur vous protège et vous ramène sain et sauf. »

(Ms. Douce, v. 1167-1301)

19. Tout le début de cette réplique *(l. 745 à 760)* repose sur un jeu sur le mot "salut", dont le champ sémantique est ici très large.

20. Évident rappel de la légende de Thésée et d'Egée *(l. 799 à 802)*.

QUESTIONS

1. *Pensez-vous que, pour Thomas, le philtre soit responsable de la passion de Tristan et Yseut* (l. 760 à 763) *?*
2. *Par qui le lecteur de Béroul apprenait-il l'existence du philtre ? Quelle différence essentielle existe-t-il en ce qui concerne l'action du philtre d'un auteur à l'autre ?*
3. *Précisez les jeux de rythme dans toute la première partie de la tirade de Tristan* (l. 751 à 773). *Quel est l'argument sur lequel Tristan semble compter le plus ?*
4. *Quelle est pour la suite de la narration l'importance du paragraphe* "Rappelez-lui… restée vierge" (l. 774 à 779) *? Quelle est la situation du lecteur par rapport à celle des personnages ?*
5. *Comment et pourquoi l'argumentation de Tristan se fait-elle plus véhémente* (l. 780 à 789) *?*
6. *Quelle peut être la signification symbolique de ce nombre ?*

cingler : faire voile dans une direction.

Colère de femme est redoutable et il faut s'en garder. C'est de ce qu'elle aura le plus aimé qu'elle tirera la plus cruelle vengeance. La femme est prompte à l'amour, plus prompte encore à la haine, et son inimitié est plus durable que son amitié. Elle peut être chiche de son affection mais ne mesure pas sa haine, pour peu qu'elle soit sous l'empire de la colère. Cependant, je n'ose exposer plus avant le fond de ma pensée : ce n'est pas là mon affaire.

Yseut, collée à la paroi, écoute attentivement tout ce que dit Tristan. Rien ne lui échappe. Désormais, elle sait tout. La colère l'envahit d'avoir tant aimé Tristan quand les pensées de son époux allaient à une autre. Elle comprend maintenant parfaitement pourquoi elle est privée de cette joie qu'elle attendait de lui.

Elle retient bien ses paroles mais ne fait semblant de rien. Seulement elle est bien décidée à saisir la première occasion de se venger cruellement de cet homme qu'elle a aimé plus que tout au monde.

Dès qu'on ouvre les portes, Yseut entre dans la chambre ; cachant sa colère à Tristan, elle s'occupe de lui et lui fait bon visage, comme il sied à une amante. Elle lui parle très doucement, le serre contre elle et l'embrasse, lui montre beaucoup d'amour. Mais dans sa rage elle cherche de quelle façon se venger. Elle se montre impatiente de voir arriver Kaherdin et le médecin qu'il doit ramener, mais au fond de son cœur il n'y a guère de place pour la pitié : on n'y trouve que la trahison qu'elle médite, poussée qu'elle est par la colère.

Kaherdin navigue plein nord et cingle* jusqu'à ce qu'il touche la terre où il doit trouver la reine, à l'embouchure de la Tamise. Il remonte la rivière avec ses marchandises. Une fois dans l'estuaire, il jette l'ancre dans l'avant-port et pousse en canot jusqu'à Londres, sous le pont.

QUESTIONS

1. *Rapprochez ce passage* (l. 810 et 811) *de celui où Thomas raconte les noces de Tristan. En quoi cette intervention confirme-t-elle la précédente ?*
2. *Qu'est-ce qui, dans le roman, a pu amener Yseut aux blanches mains à cet état d'esprit* (l. 814) *? Comment Thomas l'explique-t-il ?*

Histoire d'Egée et de Thésée

Le motif de la voile noire est évidemment un souvenir de la mythologie grecque et d'un de ses héros les plus populaires : Thésée.

Après avoir passé sa jeunesse à Trézène chez sa mère, Thésée rejoignit Athènes, ville de son père, Egée. Ayant en chemin exterminé quelques brigands dont le terrible Procuste, il échappa par miracle à la magie de Médée, célèbre empoisonneuse alors compagne d'Egée.

Comme Athènes était, depuis plusieurs années, soumise à un lourd tribut par Minos roi de Crète, Thésée se joignit aux jeunes gens que la ville devait offrir tous les ans au Minotaure. Il confia à son père ses intentions : il tenterait de tuer le monstre. En cas de réussite, il promettait de changer en voile blanche la voile noire qu'arborait toujours le bateau qui emportait en Crète les otages. Ainsi Egée saurait-il avant tous le succès de l'entreprise.

Victorieux grâce à son courage et à l'aide d'Ariane, fille de Minos, Thésée cingla au plus vite vers Athènes. Une escale à Naxos fut fatale à Ariane, abandonnée ou perdue à la suite d'une tempête, selon les versions de la légende.

Mais la joie de la victoire ou le chagrin dû à la perte d'Ariane avait fait oublier le changement de voilure. Egée qui, de l'Acropole, depuis des jours, guettait le retour de Thésée, aperçut la nef à la voile noire et de désespoir se jeta dans la mer qui, depuis, porte son nom.

Illustration du Roman de Tristan*, miniature du* *XV*e *siècle.*

portes de la mort. Alors qu'il se désespère ainsi, entre sa femme Yseut. Elle s'est avisée* d'une terrible perfidie :

« Ami, Kaherdin arrive, j'ai vu son navire au large ; il n'avance qu'à grand'peine. Mais je l'ai bien reconnu. Dieu veuille qu'il vous apporte des nouvelles réconfortantes ! »

Tristan tressaille à ce discours et dit à Yseut :

« Chère amie, êtes-vous sûre que c'est lui ? Dites-moi la couleur de sa voilure.

– J'en suis certaine. Sachez qu'il s'avance gréé de noir, toutes voiles dehors pour saisir le moindre souffle. »

Alors Tristan est percé d'une douleur telle qu'il n'en a jamais ressenti et n'en ressentira jamais plus de semblable. Il se tourne face au mur et dit :

« Que Dieu nous sauve, Yseut et moi ! Puisque vous refusez de venir, il me faut mourir de cet amour, je ne puis retenir davantage ma vie. C'est par vous, belle Yseut, que je meurs. Vous n'avez pas eu pitié de ma langueur. Cependant ma mort vous affligera et la pensée de cette affliction m'est un grand réconfort, amie. »

Par trois fois il dit ces mots : « Yseut, bien-aimée », mais avant de les prononcer une quatrième fois, il rend l'âme.

Alors ce sont des pleurs dans toute la maison, chevaliers et compagnons, tous gémissent et se lamentent. Les vassaux et les hommes d'armes accourent pour lever le corps*. Ils le mettent sur un samit* et le couvrent d'un drap de soie rayé.

En mer, le vent s'est levé, il gonfle les voiles et le navire peut enfin accoster.

Yseut débarque. Elle entend les lamentations dans la rue, les cloches des églises, des chapelles. Elle s'enquiert auprès des passants : pour qui sonne ce glas ? Pour qui sont ces larmes ?

Un vieil homme lui dit :

« Ma dame, que Dieu ait pitié de nous ! Il n'y eut jamais de douleur comparable à la nôtre. Le vaillant, le noble Tristan est mort. Il était le soutien de ce royaume, généreux pour les nécessiteux, secourable aux affligés. C'est d'une blessure qu'il avait reçue qu'il vient de mourir dans son lit. Jamais nous n'avons connu un malheur pareil ! »

À l'énoncé de cette nouvelle, Yseut reste muette de douleur. La mort de Tristan lui est une telle souffrance qu'elle s'élance dans la rue, ses vêtements en désordre, jusqu'au palais où elle pénètre la première, avant Kaherdin et les siens.

Jamais les Bretons n'ont vu si belle femme, et l'on se demande à travers la ville qui elle peut être. Yseut se rend auprès du corps, se tourne vers l'orient et prie pour Tristan avec tendresse :

« Tristan mon bien-aimé, je vous vois mort, je ne saurais donc vous survivre. Vous êtes mort pour l'amour de moi et je meurs, ami, de tendresse pour vous.

Je n'ai pu arriver à temps pour vous guérir de votre mal ; ami, ami, votre mort m'ôte à jamais tout réconfort, toute joie, tout plaisir, tout bonheur. Maudite soit cette tempête qui m'a retenue si longtemps en mer, m'empêchant d'être là assez tôt pour vous rendre la vie, vous parler tendrement de notre amour. J'aurais

s'aviser de : avoir tout à coup l'idée de. Inventer.

lever le corps : accomplir la cérémonie religieuse devant le cercueil.

samit : étoffe orientale de soie et de satin.

22. On a traduit par l'expression "ses vêtements en désordre" *(l. 955)*. L'ancien français dit "désaffublée", donc ayant abandonné son manteau, oublieuse de toute bienséance de toute coquette, mais aussi entrant dans une action violente dont elle ne sera pas spectatrice mais protagoniste.

QUESTIONS

1. *Pourquoi Tristan ne met-il pas en doute la réponse d'Yseut aux blanches mains* (l. 926 à 928) ?
2. *Tristan doute-t-il de l'amour de la reine pour lui, en ce dernier moment ?*

COMMENTAIRE DE TEXTE

Mourir d'aimer

("Yseut débarque… de sa tendresse pour lui" l. 943 à 984)

I. La fatalité tragique

1. *Observez les temps des verbes. Comment s'y exprime la fatalité ?*
2. *Qu'est-ce qui fait le tragique de la réplique du vieil homme à Yseut ?*
3. *Dans le monologue d'Yseut, comment la reine résume-t-elle cette fatalité ? Quels sont les éléments qui la concrétisent ?*

II. La passion

1. *Par quels détails physiques s'exprime la passion d'Yseut ?*
2. *Que retient Yseut de son histoire amoureuse ? Commentez l'équilibre des joies et des peines.*
3. *Commentez tout ce qui dans le texte indique le caractère absolu de cette passion et sa réciprocité.*

III. La mort

1. *Cherchez les marques de la souffrance dans le texte.*
2. *Commentez la distribution, dans le passage, de la narration et du monologue. Comment leur équilibre et leur succession créent-ils le pathétique ?*
3. *Comment la mort d'Yseut apparaît-elle comme nécessaire et naturelle ?*

pleuré sur notre destin, sur le bonheur, les plaisirs, les peines, les grandes souffrances que nous avons trouvés dans l'amour. Je vous aurais rappelé tout cela en vous embrassant, en vous serrant dans mes bras. Puisque je n'ai pu vous guérir à temps, que j'ignorais votre malheur et que je vous trouve mort, je boirai au même calice que vous. Vous avez perdu la vie à cause de moi, je vais me conduire en loyale amante et mourir à mon tour. »

Elle l'enlace et s'étend à côté de lui, lui baise la bouche et le visage, le serrant étroitement contre elle, et c'est étendue corps contre corps, bouche contre bouche avec Tristan qu'elle rend l'âme.

Elle meurt ainsi à ses côtés de la douleur de l'avoir perdu. Tristan est mort de l'avoir en vain attendue, Yseut de n'avoir pu venir. Tristan est mort de son amour pour elle. La belle Yseut de sa tendresse pour lui.

Thomas achève ici son livre. Il salue tous les amants, les mélancoliques, les passionnés ; les jaloux, les ardents, les voluptueux et même les pervers, tous ceux qui entendront ces vers.

Mon récit n'a peut-être pas satisfait tout le monde. Du moins ai-je fait du mieux que je pouvais et ai-je dit toute la vérité, comme je l'avais promis au début. J'y ai réuni des contes et des poèmes. J'ai voulu en faire une utile leçon et embellir la légende afin qu'elle plaise aux vrais amants. Puissent-ils, au moins dans une certaine mesure, s'y reconnaître. Puisse mon œuvre les armer contre l'inconstance, les malheurs, les souffrances et tous les pièges de l'amour !

(Mss. Douce, v. 1736-1817 et Snyed II, v. 1-57)

23. L'expression *(l. 973)* n'a pas ici de connotation religieuse. L'ancien français emploie le mot "beivre" = breuvage, qu'il emploie d'ailleurs parfois pour désigner le philtre et c'est plutôt de ce côté qu'il faut entendre l'allusion.

QUESTION

Quel effet produit la rapidité et la simplicité de cette dernière action d'Yseut (l. 976 à 979) *?*

QUESTIONS DE SYNTHÈSE

L'"explicit" du roman

1. *Relevez* (l. 985 à 995) *tous les mots qui désignent différentes formes de texte. Comparez-les. Commentez.*
2. *Quel est le mot important dans cet "explicit" du roman ?*
3. *Quel est le but de l'écriture romanesque d'après ce dernier paragraphe ? Quel a été l'essentiel du travail de Thomas ?*
4. *Comment comprendre son affirmation* "du moins ai-je dit toute la vérité" *?*

La tombe à la ronce

Joseph Bédier dans sa restitution de l'ensemble de la légende nous propose cette dernière page empruntée à la fin du *Tristan* en prose. On en appréciera la poésie et le symbolisme :

"Quand le roi Marc apprit la mort des amants, il franchit la mer et, venu en Bretagne, fit ouvrer deux cercueils, l'un de calcédoine pour Iseut, l'autre de béryl pour Tristan. Il emporta sur sa nef vers Tintagel leurs corps aimés. Auprès d'une chapelle, à gauche et à droite de l'abside, il les ensevelit en deux tombeaux. Mais, pendant la nuit, de la tombe de Tristan jaillit une ronce verte et feuillue, aux forts rameaux, aux fleurs odorantes, qui, s'élevant par-dessus la chapelle, s'enfonça dans la tombe d'Iseut. Les gens du pays coupèrent la ronce : le lendemain elle renaît, aussi verte, aussi fleurie, aussi vivace et plonge encore au lit d'Iseut la blonde. Par trois fois ils voulurent la détruire ; vainement. Enfin ils rapportèrent la nouvelle au roi Marc : le roi défendit de couper la ronce désormais."

(Joseph Bédier, *Le roman de Tristan et Iseut*, U.G.E., coll. 10-18)

Les tombeaux de Tristan et yseut, gravure sur bois de Daragnès, XXe siècle.

SYNTHÈSE *Ms. Douce, v. 503 à fin*

Les techniques du récit

*I. Quelques repères**

1. Tristan exilé ne peut supporter de ne plus jamais voir Yseut. Il revient clandestinement en Angleterre déguisé :
a) en lépreux ☒ b) en fou ☐ c) en marchand ☐

2. Il est obligé de se cacher et tombe malade :
a) la reine va lui rendre secrètement visite ☐
b) elle lui envoie Brangien ☒
c) elle le fait venir au palais ☐

3. Tristan est mortellement blessé en Bretagne :
a) à la chasse, par un sanglier ☐
b) à la guerre en aidant son beau-frère Kaherdin à défendre ses terres ☐
c) en soutenant un amant malheureux dans la conquête de sa belle ☒

4. Si Kaherdin peut ramener la reine Yseut avec lui afin qu'elle soigne et guérisse Tristan, il doit le faire savoir de loin à Tristan à l'aide d'un signal :
a) une oriflamme rouge flottera en tête de mât, sur le navire ☐
b) le navire portera des voiles noires ☒
c) le navire portera des voiles blanches ☒

5. Yseut aux blanches mains trompe Tristan sur le signal de Kaherdin :
a) parce qu'elle hait Tristan ☐
b) parce qu'elle est rongée par la jalousie ☒
c) parce que, dans sa hâte, elle a mal regardé le navire ☐

6. Yseut arrive trop tard pour recueillir le dernier soupir de Tristan :
a) parce qu'elle a tardé à croire Kaherdin et à le suivre ☐
b) par indifférence ☐
c) par la faute des éléments naturels et du destin ☒

II. Scène. Sommaire. Ellipse

La *vitesse* d'un texte varie dans la mesure où varie le rapport entre la durée de l'histoire qu'il raconte et la longueur du texte qui nous la fait connaître (= le récit). Ainsi se créent des effets de rythme.

Lorsqu'il y a à peu près égalité de temps entre histoire et récit (le plus souvent dans des passages dialogués) on parle d'une *scène.*

On appellera *sommaire* les moments où le récit rend compte en quelques mots ou lignes d'événements de l'histoire qui se sont déroulés dans un temps assez long. Il y a dans ce cas une sorte d'accélération du récit.

L'*ellipse* est l'accélération maximale du récit qui ne rend pas du tout compte de toute une fraction de l'histoire.

Dans l'épisode raconté de la page 47 à 49 (Ms. Douce v. 503 à 738) cherchez des exemples de "scène", de "sommaire", d'"ellipse".

* Les réponses à ces questions se trouvent p. 64.

III. L'intervention du narrateur

1. Justifiez la situation, à cet endroit du récit (p. 49 et 50), de l'intervention principale de Thomas.

2. On trouve chez Chrétien de Troyes un souci voisin de celui affiché ici par Thomas. L'auteur d'*Erec et Enide*, parlant de lui-même à la troisième personne, affirme qu'il *"tire d'un conte d'aventures un récit bien ordonné"*, le conte *"d'Erec fils de Lac que ceux qui font métier de dire des histoires devant rois et comtes ont coutume de gâter en le réduisant à des fragments sans lien"*.

Cherchez dans les propos de Thomas ce qui les rapproche de ceux de Chrétien, et précisez les différences éventuelles entre les attitudes manifestées par les deux textes.

3. Rapprochez aussi le fragment de Thomas de celui de Béroul page 16. Là encore cherchez ressemblances et différences.

4. Quels sont les divers garants que Thomas donne de son savoir ?

Appréciez l'argument principal de Thomas à propos de Gouvernal et rapprochez-le de celui de Béroul à propos de Tristan.

5. Les deux auteurs renvoient-ils au même type de "vraisemblance" ? Précisez.

6. Que peut-il y avoir de curieux à cette protestation de réalisme dans le roman médiéval ?

7. Thomas a une autre raison, en rapport avec le personnage de Kaherdin, de refuser les versions antérieures. Laquelle ?

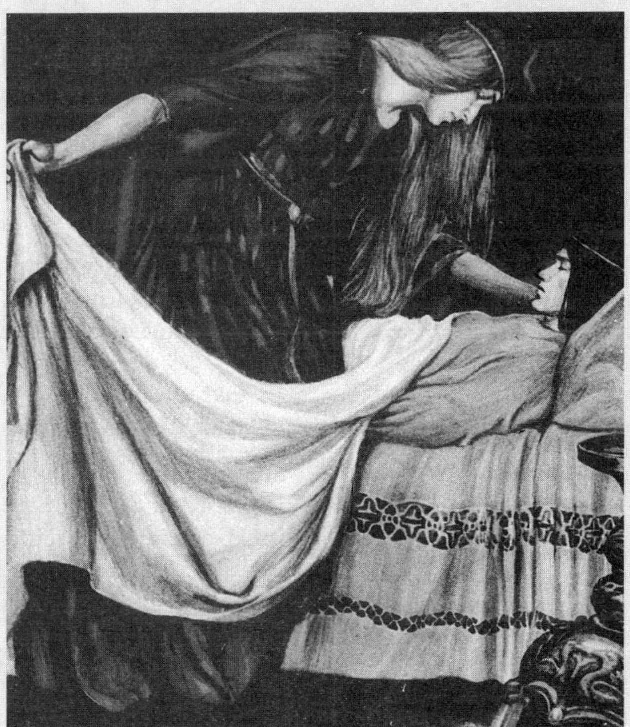

La mort de Tristan, illustration de Robert Engels, 1922.

Folie Tristan de Berne

Malgré le danger – il est activement recherché dans le royaume de Marc – Tristan décide de revenir à la cour pour entrevoir Yseut. Il prend le nom de Tantris et se déguise en fou. En haillons, tondu, la massue à la main, il parcourt le pays, lapidé par les paysans, hué par tous.

Le voilà arrivé à la cour. Aucune porte ne se ferme devant lui.

Quand Tristan paraît devant le roi, il a bien piètre allure : il est tondu de près, le cou maigre, tout le portrait d'un fou.

Amaigri, défait et livide comme il est, nul dans la salle ne pourrait reconnaître le jeune Tristan, celui qui a épousé la sœur de Kaherdin. L'amour le met dans un curieux état.

Marc l'interpelle et lui demande :

« Comment te nomme-t-on ?

– Je m'appelle Picot.

– Qui est ton père ?

– Un morse.

– Et ta mère ?

– Une baleine. Je vous présenterai ma sœur, une jeune fille du nom de Brunehaut. Si vous la voulez, je prendrai Yseut en échange.

– Supposons que cet échange ait lieu, que feras-tu ?

Tristan dit alors :

« Qu'est-ce que tu crois ! Entre nuages et ciel, je lui bâtirai une demeure et nous y goûterons des plaisirs exquis. Que Dieu anéantisse tous ces Gallois ! Je n'ai pas fini mon histoire. Sire, dites-moi, où est Brangien. Je jure, mes mains dans les tiennes, que le breuvage qu'elle versa à Tristan et qui lui valut depuis bien des souffrances, Yseut, que je vois ici et moi-même, nous en avons bu. Demandez-le lui ! Si elle prétend que c'est mensonge, c'est que c'était un songe, car j'ai rêvé toute la nuit. Sire, tu ne sais pas tout. Regarde-moi bien. J'ai bien l'air de Tantris, n'est-ce pas ? Mettez le « tris » devant le « tan », et cela fait Tristan.

J'ai sauté, lancé des joncs, jonglé avec des bâtons, vécu dans les bois de racines et tenu une reine dans mes bras. Et je peux en raconter davantage si je m'y mets. »

Ça suffit, Picolet, lui dit Yseut, inquiète. Tu peux arrêter là le récit de tes exploits. Tu me fatigues, trêve de plaisanteries.

« Votre fatigue, je m'en moque ; je m'en soucie comme d'une guigne. »

Et tous les chevaliers de s'écrier :

« Inutile de discuter avec un fou ! »

Tristan parle donc autant qu'il le désire, toujours amoureux de la reine Yseut.

« Oh, sire, dit-il devant tous, vous souvenez-vous d'être allé chasser dans le bois et de nous avoir trouvés étendus sous la hutte, mon épée nue entre nous deux ? J'ai fait semblant de dormir, n'osant pas me sauver. Il faisait chaud, c'était en mai. Un rayon de soleil tombait sur le visage d'Yseut. Les choses sont ce qu'il plaît à Dieu ! Toi, tu as mis ton gant dans la fente et tu es parti, sans plus. Je n'en dis pas plus, elle s'en souvient bien. »

1. La massue *(cf. résumé ci-contre)* est l'arme de "l'homme sauvage", le contraire des armes nobles du chevalier.
2. Le diminutif de Picot, Picolet, employé plus loin, est le nom d'un nain dans certaines chansons de geste.
3. Le motif de la "salle de cristal" est ici évoqué *(l. 19 et 20)*. Thème très spécifique des littératures celtiques (l'île de verre), qui peut être lié au culte de la lumière. On le retrouve plus détaillé dans la *Folie* d'Oxford. Lieu à la fois clos et transparent, la salle de cristal est le refuge idéal pour la rêverie amoureuse, le lieu où vivre un amour unique et isolé et, pourtant, en communion avec les éléments et au regard de tous.

QUESTIONS

1. *Du lépreux au fou : précisez les points communs et les différences qui apparaissent entre ces deux personnages joués par Tristan* (cf. résumé ci-contre).
2. *Que représente le nom de Tantris par rapport à celui de Tristan ?*
3. *En quoi le nom de Brunehaut est-il l'antithèse de celui d'Yseut la blonde* (l. 15) *?*
4. *Quel procédé utilise l'auteur pour suggérer la folie* (l. 5 à 66) *? En quoi consistent les plus grandes audaces de Tristan ?*
5. *Comment ses audaces mêmes protègent-elles Tristan ?*

Marc regarde la reine qui a baissé la tête et l'a couverte de son manteau.

« Fou, maudits soient les matelots qui vous ont fait passer l'eau sans vous jeter à la mer ! »

Tristan réplique :

« Madame, malheur à ce cocu ! Si vous me voyiez de près et me connaissiez pour ce que je suis, je crois bien que ni porte ni fenêtre ni les ordres du roi ne vous retiendraient. J'ai encore l'anneau que vous m'avez donné lors de notre séparation, après un rendez-vous dont je hais le souvenir. J'ai vécu bien des jours pénibles depuis. Madame, les dommages que j'ai subis méritent compensation en doux baisers de parfait amour et caresses sous la couverture. Accordez-moi cette consolation ou je suis mort. Jamais Yder qui tua l'ours ne traversa plus d'épreuves pour Guenièvre, la femme d'Arthur, que moi pour vous : j'en mourrai. J'ai abandonné la Bretagne, je suis allé tout seul en Espagne, sans que mes amis le sachent, pas même la sœur de Kaherdin. J'ai erré par terre et par mer pour venir vous chercher. Si je m'en vais sans que nous ne nous soyons unis, je ne connaîtrai jamais plus le bonheur et je ne croirai jamais plus les présages. »

Dans la salle, plus d'un dit à l'oreille de l'autre :

« À mon avis, le roi pourrait bien prendre ce fou au sérieux d'ici peu. »

(Ms. de Berne, v. 148-261)

Marc part à la chasse. Yseut fait demander le fou, que Brangien reconnaît assez vite. Tristan rappelle à Yseut leurs premières rencontres en Irlande, l'épisode du philtre, le saut de la chapelle et les lépreux. Mais il faut qu'Husdent fasse fête à Tristan et que celui-ci produise la bague de la dernière rencontre, pour qu'Yseut admette enfin sa véritable identité et tombe dans ses bras.

4. Geste qui signifie le deuil, la souffrance, l'angoisse profonde *(l. 47 et 48).*

QUESTION

Précisez ce qui peut rapprocher cette très ancienne légende du fils de Nut qui a combattu plusieurs géants et un ours et a été l'amant de Guenièvre, et l'histoire du couple de Tristan et Yseut (l. 60 et 61).

QUESTIONS DE SYNTHÈSE

Un miroir du roman

1. *Retrouvez dans le récit du faux fou les éléments connus du roman de Béroul.*
2. *Quels sont les procédés du comique dans les répliques de Picolet ?*
3. *Le ton de Tristan change au cours de la scène : à quelle occasion ?*
4. *Quels sont les gestes, les attitudes et les paroles qui laissent entendre que certains ont bien entendu la vérité des propos de Tristan ? Comment expliquez-vous la particulière "surdité" de Marc ?*

Détail du Jardin des délices, *peinture de Jérôme Bosch (v. 1450-1516).*

assises : placées bien horizontalement.

jointoyées : assemblées par un mortier soigneusement posé pour n'être pas trop visible.

de sinople et d'azur : vert et bleu : les termes sont empruntés à l'héraldique, la science des blasons, figures portées par les écus ou les bannières.

châtelet : la porte étant le point faible d'une forteresse, on la fortifiait comme un petit château dans le grand.

giboyeux : où abonde le gibier, nourriture essentielle des cours seigneuriales ou royales.

enchanté : en ancien français "li chastel faez" qui appartient à l'Autre Monde.

Folie Tristan d'Oxford

Tristan qui souffre trop d'être séparé d'Yseut, quitte clandestinement la Bretagne et trouve un navire marchand pour lui faire faire la traversée jusqu'en Angleterre.

Tristan embarque bien vite. Le vent gonfle les voiles. Le navire file sur l'eau, fend les flots. Le vent leur est favorable, ils courent droit vers l'Angleterre et la traversée ne dure qu'un jour et deux nuits. Le deuxième jour ils débarquent, à ce qu'on dit, au port de Tintagel.

Le roi Marc y séjourne avec la reine Yseut et y entretient, à son habitude, une cour nombreuse.

Tintagel était une puissante place-forte qui ne craignait ni assaut ni machines de guerre [...] L'imposant donjon donnait sur la mer de Cornouailles : des géants l'avaient construit. Les pierres, tout en marbre, étaient assises* et jointoyées* avec soin. On aurait dit que le mur était un échiquier de sinople et d'azur*. Dans le châtelet* une grande et forte porte avait été si bien pensée que deux hommes d'armes suffisaient pour contrôler entrées et sorties.

Là, séjourne le roi Marc au milieu de ses Bretons et de ses Cornouaillais parce qu'il affectionne cette forteresse, comme le fait d'ailleurs la reine Yseut.

Tout autour, des prairies, des bois giboyeux*, des rivières, du poisson en abondance et de belles fermes. Les navires venant de haute mer peuvent trouver un abri sous les murs du château, si bien que c'est par mer qu'étrangers et intimes viennent voir le roi. Et c'est là une raison de plus pour Marc d'apprécier ce lieu. Le site est beau et plaisant, le pays riche et prospère.

On appelait autrefois Tintagel : « le château enchanté* ». Appellation bien méritée puisque deux fois l'an, le château disparaissait. Les paysans racontent en effet que deux fois par an, une fois en été, une fois en hiver, le château devenait invisible aux yeux de tous, fût-ce à ceux des plus attentifs des hommes du pays. C'est ce qu'on dit dans la région.

(Manuscrit d'Oxford, v. 85-140)

Tristan échange ses vêtements pour ceux d'un pauvre paysan et se tond le crâne pour contrefaire le fou. Au château, il tient des propos incohérents mais, comme dans la Folie de Berne, *raconte aussi toute l'histoire de ses amours avec Yseut, en la déguisant à peine. La reine se retire dans sa chambre avec Brangien. Après s'être consultées, elles font venir le fou qui rappelle encore quelques scènes chères au cœur d'Yseut, qui s'attendrit mais ne peut admettre que cet être laid et difforme soit vraiment son bel ami. Tristan tente sa dernière chance.*

« Yseut, vous devez bien vous en souvenir. Je vous ai donné mon chien Husdent. Qu'en avez-vous fait, montrez-le moi. »

Yseut répond :

« Je l'ai, par ma foi, le chien dont vous parlez. Vous allez le voir à l'instant. Brangien, allez chercher le chien, amenez-le ici par sa laisse. »

La demoiselle se lève, va trouver Husdent qui lui fait fête, et le détache. L'animal bondit. Tristan lui dit :

« Ici, Husdent. Tu étais à moi, je te reprends. »

1. On remarquera que dans ce manuscrit, Marc tient sa cour à Tintagel et non à Londres, comme c'était le cas dans le roman de Thomas.
2. Il faut rappeler que les déplacements fluviaux ou maritimes étaient à cette époque plus aisés et plus sûrs que les déplacements par voie de terre *(l. 1 à 4).*
3. Formule à remarquer car la référence à des traditions orales est rare dans les romans médiévaux *(l. 26).*

QUESTION

Quel effet le narrateur escompte-t-il de cette précision (l. 4, "à ce qu'on dit")*, mais aussi des détails donnés sur la traversée ?*

LECTURE MÉTHODIQUE

Le château enchanté

(l. 8 à 29)

Il s'agit de montrer comment cette description du château transporte l'auditeur / lecteur à la frontière du réel et du merveilleux.

I. Un château médiéval

1. *Relevez les éléments architecturaux évoqués.*
2. *Décrivez l'utilité de chacun d'eux.*
3. *Quels sont les différents rôles d'un château fort que suggère le texte ?*

II. Un château fantastique

1. *Commentez le passage du réalisme au fantastique dans le texte. Où, comment se fait-il ?*
2. *Pourquoi le texte précise-t-il que ce sont les paysans qui racontent les faits évoqués ?*
3. *Commentez le rythme des disparitions de Tintagel et sa valeur symbolique.*

III. Le château, "miroir" de son propriétaire

1. *Que peut-on déduire des goûts de Marc d'après ce tableau ?*
2. *De ses qualités et de ses défauts ?*
3. *En quoi les éléments fantastiques de la description du château renvoient-ils à certains traits caractéristiques de Marc ?*

Husdent voit Tristan et le reconnaît aussitôt. Il est fou de joie évidemment. Je dois dire que je n'ai jamais entendu parler d'un chien manifestant plus de plaisir qu'Husdent n'en montra à retrouver son maître. Il lui dit tout son amour en courant sur lui, la tête haute, plus joyeux qu'aucune bête. Il frotte son museau contre Tristan et le gratte de ses pattes. Quel tableau émouvant !

Yseut en est tout étonnée : elle a honte et rougit de ces démonstrations. Car c'est un chien méchant et agressif qui mord et attaque tous ceux qui veulent jouer avec lui ou le toucher. Nul ne peut l'approcher si ce n'est la reine et Brangien, tant il est hargneux depuis qu'il a perdu le maître qui le nourrissait et le caressait. Tristan flatte Husdent et dit à Yseut :

« Il se souvient mieux de celui qui l'a nourri et caressé que vous que j'ai tant aimée. On trouve chez les chiens autant de loyauté que d'infidélité chez les femmes. »

À ces mots, Yseut pâlit, tremble et transpire d'angoisse.

Tristan lui dit :

« Madame la reine, vous étiez si loyale autrefois ! Souvenez-vous du verger où nous étions couchés, comme le roi arriva, nous trouva et fit immédiatement demi-tour dans l'intention de commettre un terrible crime. Dans un accès de jalousie, ne voulait-il pas nous tuer ? Il plut à Dieu de nous épargner car je compris ce qui se passait. Mon amie, il fallut nous séparer, le roi voulait notre perte. Vous m'avez alors donné un anneau d'or fin, merveilleusement travaillé. Je l'ai pris et je m'en suis allé, après vous avoir recommandée à Dieu. »

Yseut dit :

« Il me faut une preuve. Avez-vous l'anneau ? Montrez-le moi. »

Il tire l'anneau de son doigt et le lui remet. Yseut le prend, l'examine et éclate en sanglots. Elle se tord les mains, folle de douleur :

« Malheureuse, dit-elle, je suis née sous une mauvais étoile ! Cette fois j'ai perdu mon ami, car je sais bien que lui vivant, aucun autre homme ne porterait cet anneau. Aucun doute, il est mort. Malheureuse ! Je ne m'en consolerai jamais. »

Mais quand Tristan la voit ainsi pleurer, il est pris de pitié et c'est bien normal. Il dit :

« Madame la reine, vous êtes belle et fidèle. Je ne veux plus me cacher : je vais reprendre mon véritable visage et ma vraie voix. »

Il change de voix et parle normalement. Yseut le reconnaît aussitôt, lui jette les bras autour du cou, lui baise le visage et les yeux et se réjouit fort.

« Donnez-moi de l'eau, chère amie, je vais me nettoyer ma face de ce qui la transforme. »

Brangien s'empresse d'apporter de l'eau et il nettoie ses traits. La teinture due aux herbes et à leur suc s'en va avec la transpiration et Tristan redevient lui-même. Yseut le prend dans ses bras. Elle éprouve une telle joie à enlacer son ami qu'elle est toute égarée. Pas question de le laisser partir ce soir ! Elle lui promet bon gîte et bon lit. Tristan ne demande rien d'autre : avoir Yseut, où qu'elle soit. Il est heureux, il sait qu'il a trouvé bonne auberge.

(Ms. d'Oxford, v. 895-998)

QUESTION

Le chien Husdent a été évoqué deux fois par le roman de Béroul et par chacune des Folies. *Quel est le thème commun à tous ces épisodes ?*

QUESTIONS DE SYNTHÈSE

La difficile reconnaissance

1. *Relevez dans les scènes du braque et de l'anneau les détails ou expressions émouvants.*
2. *Commentez l'attitude des deux personnages principaux dans ces scènes. L'attitude de Tristan est-elle conforme à celle qu'on peut attendre d'un amant courtois ? Justifiez la réponse.*
3. *Qu'est-ce qui est le plus important du changement de voix de Tristan ou de son changement de visage ?*
4. *Comparez ce "signe" à tous les autres (récits allusifs de Tantris, son allure physique, la reconnaissance par Husdent, l'anneau). Quel statut particulier peut avoir la voix par rapport à eux ?*

THÈMES D'ÉTUDE

L'amour courtois

L'amour courtois est né à la fois dans le midi et le nord de la France avec l'élargissement des échanges commerciaux, le développement de la vie de cour et le dessein de la noblesse de se constituer en une caste héréditaire. L'ensemble de comportements qu'on appelle en ancien français *fin amor* s'est exprimé surtout dans la poésie de langue d'oc et dans le roman en vers du nord.

L'amour courtois dans la lyrique occitane

La lyrique du sud met en valeur la maîtrise de soi, le savoir-vivre – la "mezura" ; la modération et l'harmonie des comportements – la "cortezia" ; et la générosité, la jeunesse d'esprit – la "joven".

L'amour courtois s'adresse d'abord à une dame mariée, d'un rang social plus élevé que celui de l'amant : le mariage, excluant le libre choix du partenaire, est considéré comme contraire à la fin'amor. L'éloignement, la difficulté, la nécessaire discrétion de cet amour exaltent le désir, qui s'adresse au cœur et au corps et s'exprime par la soumission totale à la dame traitée comme un seigneur (la gestuelle et le vocabulaire de cette adoration empruntent beaucoup au service féodal). C'est une érotique d'une très grande subtilité que portent des formes poétiques extrêmement élaborées. L'amour est la source de toutes les vertus, de toutes les joies, autre terme-clef désignant l'exaltation amoureuse. Lui font obstacle les jaloux, personnages-types incarnant le regard de l'Autre sur le couple privilégié.

L'amour courtois en pays d'oïl

Dans les cours du nord la courtoisie ne s'impose guère avant 1150. Il existe une lyrique d'oïl (en langue du nord), où l'on retrouve les thèmes et motifs de la lyrique occitane ; cependant c'est sous sa forme romanesque, et dans l'analyse psychologique qu'elle permet, que l'originalité de la courtoisie du nord s'exprime. Désireux de concilier celle-ci avec le christianisme, les romanciers du nord, qui sont le plus souvent des clercs, tentent parfois, comme Chrétien de Troyes, de faire vivre à leurs héros la fin'amor dans le mariage. Plus que dans la lyrique occitane, le lien prouesse-amour est magnifié, et l'idéologie courtoise pourrait bien avoir été un temps un élément fédérateur privilégié pour une noblesse divisée dont le pouvoir était mis en danger par les prétentions politiques de la monarchie capétienne. Elle modifie pour cela l'idéal du sud en produisant la figure du "prudhomme", qui allie en lui clergie (savoir, sagesse, prudence et qualités chrétiennes) et chevalerie.

Les romans en prose du XIIIe siècle témoignent de l'influence des moines rédacteurs proclamant la supériorité des "chevaleries célestiennes" sur toutes les figures emblématiques d'une courtoisie ou d'une fin'amor condamnées comme figures du mal. Ainsi l'effondrement du monde arthurien est-il imputé à l'adultère ancien de Lancelot et de la reine Guenièvre.

Quoiqu'il soit difficile de juger de son influence sur les mœurs réelles, il semble que l'idéal courtois à travers tous ses avatars ait tout de même inspiré l'aristocratie européenne jusqu'au XVIe siècle.

La "poison" et la courtoisie

"Le beivre" / "La poison"

Béroul désigne le philtre d'amour concocté par la reine d'Irlande par une expression d'origine anglaise : "lovendric" = élixir d'amour, ou bien par le mot "poison" du latin "potio" = la boisson (sans nuance péjorative), ou encore comme "le vin herbé", ce qui nous renseigne sur sa composition : une macération d'herbes aromatiques dans du vin.

Thomas n'emploie que le mot "beivre", dans une expression où le mot lui-même est moins intéressant que sa mise en relation avec le mot "mort".

L'origine et la nature du philtre

Seuls Béroul et les *Folies* nous renseignent sur la nature et l'origine du breuvage. On retiendra qu'il est essentiellement lié à la magie. Celle qui l'a préparé, la reine d'Irlande, la mère d'Yseut, appartient au pays des fées et des géants. Elle est surtout notoirement guérisseuse, comme le sera sa fille. Lié à Yseut d'Irlande (et à Brangien, Yseut la blonde), le philtre est associé au dangereux pouvoir des femmes, toujours proche des forces cosmiques ou maléfiques. En outre, le philtre est consommé la nuit de la Saint-Jean, cette "midsummer night" vouée aux enchantements païens de l'amour, comme le rappellera Shakespeare. Peut-être la figure du philtre doit-elle quelque chose à la tradition antique : les potions de Circé dans *l'Odyssée* ou celles de Déjanire dans la légende d'Héraclès. Mais il est surtout lié à la tradition celtique où il se manifeste parfois sous la forme de la formule ou du geste contraignants qui "obligent" le héros à l'amour (la "geis").

Le philtre, contraire à la fin'amor

Force est de reconnaître le caractère anti-courtois du philtre. Rien n'importe tant à la fin'amor, en effet, que le libre arbitre, la volonté, l'autonomie du choix des amants. Or, il ne peut y avoir ici qu'amour réciproque, ce qui est contraire à la configuration de la fin'amor, amour dirigé vers une dame inaccessible dont la réponse est toujours désirée et jamais obtenue dans une éternelle reproduction du désir s'exaltant de sa non-satisfaction même. Ainsi dès sa naissance, la passion de Tristan et Yseut, passion fatale, se trouve profondément "séparée" de l'amour courtois.

Il faut cependant l'observer de plus près et, pour ce faire, considérer séparément deux textes à bien des égards très différents.

Amour-passion et amour courtois

Chez Béroul

■ *Le temps de la passion*

Le roman de Béroul nous donne à voir deux amours. Pendant trois ans le philtre domine totalement les deux amants. Aucune liberté ne leur est laissée. Rendant impossible toute maîtrise de soi, toute "mesure", il les oblige à vivre dans l'anxiété permanente de perdre la jouissance du corps de l'Autre. C'est une véritable lèpre qui ronge les trois héros, car Marc est ici dans la même angoisse que les amants.

Abolissant toute peur, toute inhibition (qu'on songe aux épisodes de la fleur de farine, du saut de la chapelle) cet amour fait aussi perdre aux héros tout sens de leur devoir social. Ainsi en fait-il des marginaux : leur retraite dans la forêt, espace de l'Autre-Monde, du monde de la nature et non de la culture, où l'on use de l'arc et non de l'épée (un monde anti-courtois par excellence) est en ce sens révélateur. Cet amour-là, à l'évidence, est le contraire de la fin'amor.

■ *La "cassure"*

Un fait étrange se produit dans le texte de Béroul : le philtre tout-puissant, lorsqu'il a rempli ses fonctions narratives, lorsqu'il a fait mourir au monde des contraintes ceux qui l'ont bu, lorsqu'il a suffisamment "innocenté" les héros, affirmant clairement leur irresponsabilité, semble avoir fait son temps. Béroul, tout à coup, découvre une limite à l'effet du breuvage... Triple cassure que décrit bien D. Poirion : dans l'ordre de la narration (le forestier découvre les amants), de la psychologie (la lassitude et les souffrances les atteignent), de la cosmologie (c'est la Saint-Jean, encore...).

Alors l'amour change de nature : non plus imposé mais assumé, non plus magique mais bien humain, non plus "innocent" mais librement coupable, ou plutôt laissant s'exprimer la voix de la conscience, sinon religieuse, du moins sociale.

■ *Le retour à la "courtoisie"*

Ainsi l'amour de Tristan et Yseut devient-il courtois et le philtre, ou plutôt son souvenir, devient-il seulement le "signe" de cette élection des héros que leur perfection destinait l'un à l'autre. Secret comme doit l'être la fin'amor, il n'est connu que d'Ogrin dont le rôle est de le refuser comme "folie", d'affirmer l'éternelle suprématie du mariage selon les rites de l'Eglise ; réintégrant l'Ordre, la passion devient l'amour adultère acceptable parce que reconnaissable, cet amour du jeune chevalier pour la femme de son seigneur, qui peut être la source des vertus, des prouesses qui bénéficieront à la société tout entière.

C'est alors seulement que Tristan jugera sa passion de jadis comme une lèpre, tandis qu'il exercera le noble art du mensonge, signe de culture et de maîtrise du langage propre aux amants discrets... et aux clercs.

Chez Thomas

■ *Un amour sans limites*

Les pouvoirs du "beivre de mort" n'ont chez Thomas aucune limite temporelle. Aussi faut-il sans doute le considérer comme un symbole. Il signifie l'amour éternel qui défie le monde et les obstacles.

Mais surtout – le message que Tristan confie à Kaherdin nous l'apprend – pour Thomas, l'amour de Tristan et Yseut a précédé l'absorption du philtre. Cet amour courtois ne se heurte pas, semble-t-il, avant l'exil de Tristan, à d'autres obstacles que la présence des jaloux et ne suppose aucune déchéance physique ou morale. Dans l'état des manuscrits qui nous sont parvenus, le roman de Thomas nous conte essentiellement l'"amour de loin" de Tristan. Le désir de Tristan ne saurait être satisfait et par là il retrouve la situation de l'amant de la lyrique occitane. Il en retrouve les subtilités érotiques et le monologue du héros la nuit de ses noces est un exemplaire morceau de casuistique amoureuse.

■ *Innocents ou coupables ?*

Si l'on retrouve le thème de la culpabilité, c'est alors dans des termes bien différents de ceux que Béroul pouvait mettre en place autour du philtre. Trichant avec la fin'amor, Tristan a cru possible en épousant Yseut aux blanches mains de séparer l'amour de tête et l'attente des sens. C'est une invention propre à Thomas que ce personnage qui rend possible toutes les combinaisons de l'amour et du désir. Doublement coupable envers Yseut la blonde et Yseut aux blanches mains, Tristan est pris dans une souffrance qui le rend digne d'un personnage de "grand chant courtois".

■ *L'utopie de la fin'amor*

D'autres thèmes ou motifs chez Thomas nous renvoient encore à la fin'amor.

L'adoration par Tristan de la représentation de sa dame dans la salle aux images en est un. Un autre peut être reconnu lorsqu'intervient Cariado. On retrouve en effet à ce propos le personnage du jaloux, le "lozengier" du sud, débarrassé de l'arrière-plan féodal presqu'encore épique qui accompagnait les barons de Béroul, le personnage du chevalier courtois prétendant à l'amour de la dame et cherchant toujours à percer le secret de son véritable amour. La liaison répétée des motifs amour-mort et la mise en abyme que peut représenter pour le roman l'épisode de Tristan le nain sont enfin des figures que l'on ne s'étonnerait pas de trouver dans la lyrique d'oc.

Reste que l'amour de Tristan est partagé par Yseut, que les séjours de Tristan déguisé à la cour, dont la trace nous reste dans le texte, et la satisfaction qu'en obtient le héros, séparent radicalement le roman de Thomas de la poésie du sud, pure expression littéraire de la fin'amor. E. Baumgartner propose de voir cette fin'amor chez Thomas comme forme nostalgique et idéale de l'amour, utopie plus que "réalité" romanesque : l'amour humain est exposé à la faute, à l'erreur, aux tragédies de la chair et il faut bien que la mort, enfin, sanctionne un amour trop humain pour être parfait.

PISTES D'ÉTUDE

Un mythe à explorer

I. Les héros de la légende

Dans les récits médiévaux on retrouve facilement les fonctions qui se manifestent dans les contes traditionnels.

Faites une fiche par personnage en cherchant et en commentant :

1. Les signes qui le qualifient : nom, traits physiques, rôle social.

2. Sa "fonction" ; retrouvez notamment :
– le sujet (le héros, celui qui accomplit l'action) ;
– l'objet de la quête (ce que désire le sujet, ce qu'il cherche) ;
– l'adjuvant (qui aide le héros dans sa quête) ;
– l'opposant (qui représente un obstacle à la quête du héros) ;
– le destinateur (qui fait agir le sujet, le missionne) ;
– le destinataire (qui est le bénéficiaire de la quête, au-delà du héros).

Un même personnage peut occuper successivement des fonctions différentes dans le récit. Travaillez, donc, épisode par épisode, pour chaque personnage.

3. La fonction symbolique du personnage : il ne s'agit plus ici de son rôle, mais de définir les "valeurs" qu'il représente dans l'univers du texte.
Vous repérerez les changements éventuels subis par les personnages, du texte de Béroul à celui de Thomas et aux Folies.

4. Vous pourriez tenter une étude plus spécifique de l'image de la femme dans les romans de Thomas et Béroul.

II. Les objets

Faites un répertoire de tous les objets mentionnés par le texte et réfléchissez sur leur choix, leur fonction, leur valeur symbolique dans la légende.

III. Féodalité et subversion

Cherchez à travers les textes tout ce qui vous paraît représentatif de la société féodale et montrez en quoi la passion de Tristan et Yseut est subversive au regard de l'ordre social, moral, religieux.

IV. Le devenir d'un mythe

Faites une recherche en bibliothèque pour retrouver les avatars de la légende de Tristan et Yseut, au-delà du Moyen Âge :
– quels grands romans de passion et de mort pourriez-vous rapprocher de ceux de Tristan ?
– la légende a-t-elle été reprise par d'autres arts (peinture, opéra, cinéma) ?

Faites des fiches sur les différentes oeuvres que vous aurez sélectionnées, réfléchissez aux permanences et à l'évolution du mythe.

L'histoire de Tristan et Yseut mise en film. Affiche de René Péron, 1943.

Table des matières

Réponses

Béroul

I. 1c, 2a-b, 3a, 4a-b, 5b, 6c, 7c, 8b, 9c, 10a-b.

II. 1a, 2b, 3c, 4b, 5c.

Thomas

I. 1b-c, 2b, 3b, 4a, 5c, 6b.

II. 1a, 2b, 3c, 4c, 5b, 6c.

Pour mieux comprendre

Tristan et Yseut

Ouvrage général sur l'amour courtois :

D. de Rougemont, *L'amour en Occident*, UGE, coll 10-18, 1962.

Ouvrages généraux sur le roman au XIIe s. :

A. Fourrier, *Le courant réaliste dans le roman courtois en France au Moyen Âge*, Nizet, 1960.

P. Gallais, *Genèse du roman occidental*, Sirac, 1974.

Ouvrages sur les différentes versions de Tristan :

J. Frappier, « Structure et sens du Tristan, version commune, version courtoise », *Cahiers de civilisation médiévale*, 6, 1963.

P. Le Gentil, « La légende de Tristan vue par Thomas et Béroul », *Romance Philology*, 1953.

D. Poirion, « Le Tristan de Béroul, récit légende et mythe », *L'information littéraire*, 1975.

E. Baumgartner, *Tristan et Yseut*, PUF, 1987.

E. Baumgartner, « Tristan et Yseut, de la légende aux récits en vers », *Études littéraires*, 15, 1987.

Analyses et réflexions sur Tristan et Yseut (adaptation de Bédier), ouvrage collectif, Ellipses, 1991.

Ouvrage sur la légende dans son ensemble :

M. Cazenave, *Le philtre et l'amour, la légende de Tristan et Yseut*, Corti, 1969.

La légende de Tristan au Moyen Âge, (colloque 1982, Université de Picardie), Kümmerle Verlag, 1982.

Différentes "lectures" des textes du Tristan, différentes "positions critiques" :

F. Barteau, *Les romans de Tristan et Yseut, Introduction à une lecture plurielle*, Larousse, 1972.

CRÉDITS PHOTOGRAPHIQUES

Archives Nathan : 5 (h), 6, 7, 12, 23, 27, 28, 52, 59 ; Charmet : 9, 48 ; Edimages – Jourdes / D. R : 56 ; Edimedia : 38 ; Giraudon : 16, 19, 32, 45, 53 (Musée des Beaux Arts de Troyes) ; Namur/Lalance : 5(m) ; E. Palix / D. R : 57, 64 ; Tapabor / de Selva : 14 (Bibliothèque des Arts Décoratifs), 36 ;

Couverture : Namur / Lalance

Conception éditoriale :
Bernard Lecherbonnier
Réalisation :
JOSEPH DORLY

N° Projet : 10030990 - (II) - 5 - OSBT - 80°. Imprimé en France - Octobre 1995 par Mame Imprimeurs à Tours (n° 35708)